BERNARD LIEVEGOED

BESINNUNG AUF DEN GRUNDSTEIN

Tb
fG

BERNARD C. J. LIEVEGOED, 1905 in Indonesien geboren, studierte Medizin und Kinderpsychiatrie. Nach der Gründung des ersten heilpädagogischen Instituts 1931 in den Niederlanden und seiner Promotion setzte er sich intensiv mit Fragen der Organisationsentwicklung in Unternehmen auseinander. 1954 wurde er Professor an der Universität Rotterdam und gründete im gleichen Jahr das in vielen Ländern tätige NPI (Institut für Organisationsentwicklung). Bernard Lievegoed starb am 12. Dezember 1992.

BERNARD LIEVEGOED

BESINNUNG AUF DEN GRUNDSTEIN

Aus dem Niederländischen
von Frank Berger

Verlag Freies Geistesleben

Die niederländische Originalausgabe erschien unter dem Titel *Bezinning op de grondsteen* bei Uitgeverij Vrij Geestesleven, Zeist © 1987. Die erste deutsche Ausgabe erschien 1989 im Verlag Freies Geistesleben.

Neuausgabe 2023

(e) auch als eBook erhältlich

Verlag Freies Geistesleben
Landhausstraße 82, 70190 Stuttgart
www.geistesleben.com

Frontispiz: Bernard Lievegoed, Verlagsarchiv

ISBN 978-3-7725-3311-2

Umschlagfoto: Christiane Woltmann,
Detail aus der Serie «baumeister», Collage 2010
Umschlaggestaltung: Bianca Bonfert
Satz: Lilly Iyi Omorodion
Druck und Bindung: GGP Media GmbH, Pößneck
Printed in Germany

FSC www.fsc.org MIX Papier aus verantwortungsvollen Quellen FSC® C014496
Klimaneutral Druckprodukt ClimatePartner.com/53248-2106-1005

Inhalt

Vorwort zur Erstausgabe 7

Erster Teil: Geschichtliche Hintergründe 11

Gesichtspunkte zur näheren Betrachtung des Grundsteins 13

Die übersinnliche Michaelschule und die Rosenkreuzerströmung 22

Zweiter Teil: Ein Weg durch den Grundstein 35

Der Kampf um die Menschenseele 37

Der Mensch als dreigliedriges Wesen 41

Der Aufruf zum Üben 51

Der dreigliedrige Mensch als kosmische Wirklichkeit 56

Vater, Sohn und Geist und die Hierachien 64

Kräfte-Geister, Lichtes-Geister und Seelen-Geister 67

Der vierte Teil des Grundsteinspruches 78

«Dass gut werde» 85

Über die Rhythmen 93

Zum Beschluss 100

Der Grundstein 103

Literaturverzeichnis 107

Anmerkungen 109

Vorwort zur Erstausgabe 1989

Am Anfang dieses Jahrhunderts inaugurierte Rudolf Steiner die Anthroposophie. Sie setzte ein als Philosophie, als «Erkenntnisweg im Denken», und wurde in der Folge zur Grundlage einer Erneuerung von Kunst und Religion und schließlich zum Impuls sozialen Handelns, der sich in den Initiativen zur Dreigliederung des sozialen Organismus, in Pädagogik, Medizin und Landwirtschaft – um nur einige Beispiele zu nennen – niederschlug.

Einen Abschluss dieser drei Phasen (1902–1909, 1910–1916, 1917–1923), die immer ungefähr sieben Jahre dauerten, bildete die «Weihnachtstagung» um die Jahreswende 1923/24 in Dornach. Während dieser Tagung wurde die Anthroposophische Gesellschaft als «Allgemeine Anthroposophische Gesellschaft» neu begründet, und die Anfänge der «Freien Hochschule für Geisteswissenschaft», einer modernen Form dessen, was im Altertum als Mysterienschule galt, nahmen Gestalt an.

Als Grundstein dieser allgemeinen Gesellschaft und der Freien Hochschule schuf Rudolf Steiner einen Spruch, der in die Herzen all derjenigen versenkt wurde, die sich mit der neuen Gesellschaft und der neuen Hochschule verbinden wollten. Dieser Spruch, die sogenannte «Grundsteinmeditation» (häufig wird nur vom «Grundstein» gesprochen), ist das Thema unserer Betrachtungen.

Heute, da wir uns dem Ende des zwanzigsten Jahrhunderts nähern und mitten in einem Kampf um die geistigen Grundlagen unserer Kultur stehen, ist dieser Grundstein aktueller denn je. In diesem Geisteskampf erleben wir die Auseinandersetzung des Materialismus, der den Höhepunkt seiner Entwicklung bereits überschritten hat, mit einer erwachenden Spiritualität, die in ihren Formen schon in die Zukunft weist. Man hat den Eindruck, dass sich am Anfang dieses Jahrhunderts viele bedeutende Individualitäten gemeinsam mit Rudolf Steiner auf der Erde einfanden, um der Anthroposophie zur Geburt zu verhelfen. Nach Rudolf Steiners Tod konnte man erleben, wie Gegenkräfte versuchten, die junge Anthroposophie zu vernichten. Sie wurde von innen durch interne Auseinandersetzungen und Spaltungen, von außen durch das Regime der Nationalsozialisten bedroht. Nach 1945 hatte es den Anschein, als ob das allgemeine Kulturleben sich wieder für Geistiges öffnete. Sehr viele Menschen waren von dem ernsthaften Willen erfüllt, am Aufbau einer «besseren Welt» mitzuarbeiten. Doch schon bald standen im Zuge des Wirtschaftswunders auch solche Bestrebungen immer stärker im Zeichen des «mehr Haben», das «Sein» geriet demgegenüber immer mehr in den Hintergrund.

Die – heftige – Reaktion auf diese Entwicklungen ließ nicht lange auf sich warten: Im Anbruch des letzten Jahrhundert drittels haben wir die Revolten derer erlebt, die um die Jahrhundertmitte herum geboren worden sind und nun für ihre Vorstellungen einer zukünftigen Welt kämpften. Leider reduzierten sich die anfangs spirituellen Ziele (in Paris sprach man von der «imagination au pouvoir») sehr rasch zu einem politischen Neomarxismus mit nihilistischen Zügen. Viele wollten das Überkommene, die verstaubte Tradition zuerst einmal über Bord werfen, um danach eine neue Welt hervorzubringen, die sich auf das Prinzip der völligen Gleichheit gründete. Diese Bewegung ist heute zum größten Teil im Sande verlaufen.

Seit den Siebzigerjahren lässt sich bei Individuen und Gruppen das wachsende Streben wahrnehmen, den einseitigen Materialismus zu überwinden. Inmitten unserer materialistisch orientierten Zeit zeigt sich, dass viele auf der Suche nach neuen, spirituellen Wegen sind. Das kann hoffnungsvoll stimmen im Hinblick auf den Kampf gegen diejenigen Mächte, die sich dem Materialismus verschrieben haben und ihn zur alles dominierenden Kraft bestimmen wollen.

Vor allem nach der Weihnachtstagung 1923/24 hat Rudolf Steiner darauf hingewiesen, wie stark die Zukunft von diesem Geisteskampf am Ende unseres Jahrhunderts abhängen wird. In diesem Zusammenhang beschrieb er auch, dass viele Menschen, die eine bestimmte Vorbereitung im Übersinnlichen erfahren haben (die «Michaelschule», wir werden später ausführlich auf sie eingehen), sich zu einer Verkörperung zum Jahrhundertende entschließen würden, um an diesem Kampf gegen den Materialismus teilzunehmen. Für sie ist es von großer Wichtigkeit, den «Grundstein» als *Weg* und Inspirationsquelle für ihr *Handeln* kennenzulernen.

Für jeden, der diesen Weg geht, wird dies ein persönlicher Weg sein, der tastend gesucht werden muss. Wenn im Folgenden *ein* möglicher persönlicher Weg beschrieben werden soll, so bedeutet das keinesfalls, dass jeder diesen Weg in genau derselben Weise gehen muss. Unsere Betrachtungen möchten Aufforderung und Hilfe sein, den eigenen Weg zu entdecken. In den Fünfzigerjahren schrieb Willem Zeylmans van Emmichoven sein Buch *Der Grundstein*. Der Verfasser verdankt diesem Buch und den vielen Gesprächen, die er mit Zeylmans geführt hat, sehr viel. Wenn hier im Folgenden ein anderer Zugang zum Grundstein gesucht wird, so wird der Leser hoffentlich dennoch feststellen können, dass dieser nicht im inneren Gegensatz zu Zeylmans' Ansatz steht.

Dieses Buch hat zwei Teile. Im ersten, kürzeren Teil wird der Versuch unternommen, den geschichtlichen Rahmen zu beschreiben, dessen Kenntnis zu einem tieferen Verständnis der Tat der Grundsteinlegung beitragen kann. Im zweiten Teil steht dann die eigentliche Hinwendung zum Grundstein im Mittelpunkt. Es sollen bestimmte Facetten dieses Grundsteins näher beleuchtet werden.

Unsere Betrachtungen tragen aphoristischen Charakter. Sie möchten in erster Linie zur Anregung eigener, innerer Aktivität und zum intensiveren Umgang mit dem Grundstein beitragen.

Das Buch wendet sich an Menschen, die die Anthroposophie kennen. Vor allem die Kenntnis der sogenannten «Karmavorträge»[1] Rudolf Steiners aus dem Jahre 1924 wird, wenigstens in groben Zügen, vorausgesetzt.

B. L.

Bernard Lievegoeds Vorwort zur Erstausgabe 1989 wurde hier unverändert übernommen.

Erster Teil:
Geschichtliche Hintergründe

Gesichtspunkte zur näheren Betrachtung des Grundsteins

Man kann sich den Mantren der Grundsteinmeditation, die von Rudolf Steiner bei der Begründung der Allgemeinen Anthroposophischen Gesellschaft während der Weihnachtstagung 1923/24 gesprochen wurden, von verschiedenen Gesichtspunkten aus nähern. Die engste Perspektive wäre die Anschauung, dieser Grundstein würde nur diejenigen etwas angehen, die damals Mitglied anthroposophischer Gruppierungen in einigen, überwiegend europäischen Ländern waren, eine ziemlich beschränkte Gruppe also. Tatsächlich waren diese Menschen die ersten, die diese Inhalte in der gegebenen Form empfingen und in ihren Herzen bewahrten. An der übrigen Welt ging dieses Ereignis vorbei, wie das bei entscheidenden geistigen Ereignissen oft der Fall ist. Diese spielen sich meistens innerhalb eines kleinen Kreises vorbereiteter Menschen ab und werden erst später, im Rückblick, als Tatsachen von menschheitlicher Bedeutung erkannt.

Einen weiteren Blickwinkel eröffnet die Frage: Welche karmische Vorbereitung haben diese Menschen, die den Grundstein zuerst in sich aufnahmen, durchgemacht, um die Bedeutung dieses Grundsteins zu verstehen? Allgemeiner gefragt: Welche Vorbereitungen müssen getroffen werden, damit gewisse Menschengruppen in einer bestimmten Inkarnation reif werden, eine wichtige Aufgabe zu erfüllen? Unter diesem Gesichtspunkt erscheint der Grundstein als Meilenzeichen auf dem Wege der geistigen Entwicklung der Menschheit, die von verschiedenen geistigen Strömungen, repräsentiert durch gewisse Menschengruppen, durch Inkarnationen hindurchgetragen wird. Diesen Zusammenhang erhellen vielleicht folgende Worte Rudolf Steiners (aus dem Vortrag vom 25.9.1916, GA 171): «Geistiges Leben kann nicht ausgerottet werden. Geistiges Leben lebt und webt fort ...». Steiner deutet in diesem Zusammenhang auf die Wirksamkeit des Templerordens in den Jahren zwischen 1119 und 1314. Selbst die gewaltsame Ausrottung des Ordens konnte der geistigen Wirksamkeit der Persönlichkeiten, die in ihm tätig gewesen waren, kein Ende machen. Unser Zitat wird von den folgenden Sätzen umrahmt: «Dasjenige aber, was in den Templern lebte und wirkte, das konnte nicht ausgerottet werden. (...) Inspiration auch des kosmischen Wissens der Templer, sie wurde immer gegeben.» Wir haben hier ein Beispiel für die Wirksamkeit einer kleinen Gruppe im spirituellen Bereich aktiver Menschen, die sich bereits auf die Kulturentwicklung einer zukünftigen Menschheitsperiode richtete.

Ein noch weiterer Horizont eröffnet sich, wenn man nicht nur die Aufgaben karmischer Gruppen ins Auge fasst, sondern die großen Strömungen der Menschheitsentwicklung über längere Kulturzeiträume hinweg betrachtet und das Ereignis der Grundsteinlegung in diesen Zusammenhang hineinstellt. Dies ist in dem gegebenen beschränkten Rahmen nur anfänglich möglich. Die folgenden Abschnitte sind daher ein Versuch, einige Zusammenhänge anzudeuten als Anregung zum eigenen Studium. Die Auswahl der Gesichtspunkte muss notwendigerweise persönlich sein, doch kann sie vielleicht ergänzt werden durch das, was andere zum Thema gesagt und geschrieben haben.

Wir beginnen mit einigen Gesichtspunkten zu den karmischen Strömungen, die, anscheinend ohne inneren Zusammenhang, im höheren Sinne jedoch gemeinsam, die großen Wendepunkte der Menschheitsentwicklung vorbereiteten.

Die Weihnachtstagung 1923/24 in Dornach, die in der

Begründung einer allgemeinen, d.h. allen Menschen zugänglichen, anthroposophischen Gesellschaft gipfelte, fand in einer Zeit statt, da der Erzengel Michael Zeitgeist geworden war. In der Folge der sieben Zeitgeister im Erzengelrang, die als Planetenregenten immer abwechselnd jeweils ungefähr 354 Jahre die Kulturentwicklung leiten und ihr ihre spezifische Qualität verleihen, ist die Zeit des Sonnen-Erzengels Michael immer eine ganz besondere Periode. Geistiges Leben, das zuvor auf geografisch eher beschränkten Territorien vorbereitet wurde, breitet sich jetzt in spirituell-kosmopolitischen Impulsen über große Teile der Welt aus.

Während der letzten vorchristlichen Michaelregentschaft war es die griechische Kultur, die durch Aristoteles und Alexander den Großen über die ganze damals erreichbare Welt verbreitet wurde. Im Hellenismus wurde die geistige Grundlage späterer Kulturen bis auf den heutigen Tag gelegt.

Während der sich daran anschließenden Kulturphase regierte die tiefsinnige, dunkle Kraft des Saturn durch den Erzengel und Zeitenregenten Oriphiel. Saturn, der Geist von Tod und Auferstehung, lieferte den Stimmungshintergrund, vor dem das Mysterium von Golgatha von einer kleinen Gruppe von Urchristen erlebt werden konnte.

Darauf folgten Anael, der Venus-Erzengel, und Zachariel, der Jupiter-Erzengel. Um das Jahr 817 herum war dieser letzte Zeitraum abgeschlossen.

Alles, was sich an inniger Liebe, aber auch an scharfsinniger Gedankenbildung im Hinblick auf den Christus in jenen Jahrhunderten entwickelt hatte, führte zu einer ersten charakteristischen Ausprägung des Christentums, die einerseits in großen Bevölkerungsgruppen in Europa als «Herzensfrömmigkeit» lebte, andererseits aber zu einer von Dogmen und scharfsinniger Theologie beherrschten Kirchenkultur beitrug.

In der Zeit zwischen ca. 817 und 1170/90 herrschte dann

Raphael, der Merkur-Erzengel. Die Raphaelzeiten sind immer von besonderer Wichtigkeit im Hinblick auf die Geschehnisse der jeweils nächsten Michaelperiode.

In der letzten Raphaelzeit bildete sich ein intensives Geistesleben heraus mit starken Impulsen zur Heilung negativer Kräfte im Schicksal der Menschen und der Kultur ganz allgemein. Bereits am Anfang dieses Zeitraumes ereignete sich das Gralsmysterium, es spielte sich wie das Parzivalgeschehen im neunten Jahrhundert ab. Allerdings trat es erst am Ende der Raphaelzeit, im 12. Jahrhundert, durch die Gralsromane des Wolfram von Eschenbach und Chrétien de Troyes in das Bewusstsein der damaligen Menschheit.

Innerhalb des großen Komplexes der Gralserzählungen handelt das Parzivaldrama von der Gesundung des kranken Gralskönigs Amfortas als Vertreter der am Sündenfall erkrankten Menschheit. Es zeigt uns den Entwicklungsweg des Menschen, der schließlich zu der Fähigkeit führt, einem Mitmenschen, dessen Karma in Unordnung geraten ist, helfen zu können. Der lange, mühsame Weg des Parzival führt so zur *Frage* an den Mitmenschen: «Oheim, was wirret Euch?», wörtlich aufgefasst also ungefähr: «Was ist bei dir in Unordnung?» – eine Frage, geboren aus der Herzensinbrunst eines Menschen, der selbst gelitten hat. Wir wollen uns hier auf diese Andeutungen beschränken, obwohl noch vieles über den Gral zu sagen wäre.

Ein zweiter großer Impuls der Raphaelzeit spiegelt sich in der Entstehung und Entfaltung der Schule von Chartres, deren Bauwerk, die Kathedrale, uns noch immer tief erfüllen kann. Die großen Lehrer von Chartres, ihrer inneren Haltung nach Platoniker, sahen es als ihre Aufgabe an, eine christliche Philosophie platonischer Prägung zu schaffen und die Grundlagen einer Universität, als Vorbild für spätere Jahrhunderte, zu errichten. In gewissem Sinne war hier die erste und zugleich letzte «Universität» in der Totalität der «sieben freien Künste» verwirklicht worden. Die Blütezeit von Chartres fällt in die Jahre von ungefähr 1000 bis 1205, das Sterbejahr des Alanus ab Insulis.

Der dritte wichtige geistige Impuls manifestiert sich durch die Begründung des Templerordens (1119), der sich bereits während des ersten Kreuzzuges vorbereitete. Bis zum Jahre 1314 konnte der Templerorden sich im damaligen Europa entfalten und dabei zwei Jahrhunderte lang in wunderbarer Art wirken. Er legte die Basis einer neuen Wirtschaftskultur, die sich auf Selbstlosigkeit gründete, und sozialer Strukturen auf der Grundlage echter Brüderlichkeit – etwas, das nur durch die Durchdringung des Willenslebens mit Opferkräften entstehen konnte.

Als sich die Raphaelzeit mit ihren merkurialen Heilkräften gegen das Jahr 1200 ihrem Ende zuneigte, hatten drei karmische Gruppen Beiträge geliefert, die auf ihre weitere Entfaltung in der nächsten Michaelzeit warteten: die Gruppierung um den Gral durch die Verchristlichung des Herzens, im Symbol der Schale mit dem «rosenfarbigen Blut des Christus», in dem alle niedrigen Blutskräfte in Kräfte des Geist selbst metamorphosiert sind; Chartres, wo das dogmatische Denken eines verkirchlichten Christentums in ein aus den Kräften des Lebensgeistes aufleuchtendes Denken verwandelt wurde; und schließlich die Templer, die den Keim einer in ferner Zukunft möglich werdenden Geistesmenschenkultur gelegt hatten. Auf die Raphaelzeit folgte die Marszeit unter der Regentschaft Samaels. Vieles, was mit dem intimen Geistesleben der Raphaelzeit zusammenhing, verlor sich jetzt für die physische Welt. Dafür setzte es sich innerlich in der geistigen Welt fort, wo sich die großen Individualitäten der vorangegangenen Raphaelzeit weiterentwickelten und auf die Möglichkeit ihrer Wiederkunft in der nächsten Michaelzeit vorbereiteten. Auf der Erde herrschte geistige Finsternis, wüteten Kriege und

Pestepidemien. Die Bevölkerung Europas reduzierte sich auf ein Drittel. In der Mitte des 13. Jahrhunderts hatten selbst Eingeweihte eine kurze Zeit lang keine Möglichkeit mehr, die Berührung mit der geistigen Welt herzustellen. Nur die allerstärksten Individualitäten konnten sich im Geiste behaupten – als eine leuchtende Persönlichkeit ragt in der Mitte des 13. Jahrhunderts Thomas von Aquino auf, der große Dominikaner und Aristoteliker. Doch obwohl der Nominalismus von Thomas philosophisch überwunden werden konnte, wirkte er in den folgenden Jahrhunderten immer stärker weiter, dank der Unterstützung eines Zeitgeistes, der dem Materialismus als legitimer Weltanschauung Raum gab: Samael-Mars ist der den Materialismus inspirierende Geist.

Es konnten sich, wie gesagt, während dieser Marsperiode nur die stärksten Geister spirituell behaupten. Im öffentlichen Leben war nur sehr wenig davon bemerkbar. Aber ähnlich wie sich in der Raphaelzeit das Mysterium des Grals im verborgenen abspielte, so musste auch jetzt diejenige Geistesströmung, die die Entwicklung intimer Herzenskräfte betrieb, ganz im Verborgenen wirken.

In der Mitte des 13. Jahrhunderts wurde, im Moment der größten Geistesfinsternis, die Strömung des Rosenkreuzertums vorbereitet, um dann später, im 15. Jahrhundert, immer stärker an das Licht der Öffentlichkeit zu treten. Die Schrift *Die chymische Hochzeit des Christian Rosenkreuz anno 1459* markiert diesen Moment historisch.

1525 war die Marszeit abgelaufen. Ihr folgte die Gabrielzeit, in der vor allem die Mondenkräfte, im Zusammenhang mit den Vererbungskräften, wirksam waren. In diesem Zeitraum erreichte die Rosenkreuzerbewegung ihren Höhepunkt; sie wirkte vor allem hinter den Kulissen von Wissenschaft, Kunst und Wirtschaftsleben unter der direkten Inspiration des Christian Rosenkreuz bzw. seiner Helfer.

Im Jahre 1879 war auch die Gabrielzeit vorbei, und Michael konnte die bereits seit Langem in der Sonnensphäre vorbereitete Führung übernehmen. Doch im Gegensatz zu seiner vorchristlichen Wirkenszeit, in der er die ihm dienenden Menschen aktiv durchdrang und impulsierte, hielt Michael sich jetzt zurück, in Erwartung dessen, was die Menschen auf der Erde aus sich selbst an Sonnen-Impulsen hervorbringen würden. Wo Menschen aus Begeisterung für den Geist ihrer Zeit persönliches Karma in den Dienst eines überpersönlichen geistigen Ideals stellen wollen, kann Michael aufgrund dieser überpersönlichen Aktivität auf Erden wirksam werden.

Die Individualitäten der Raphael- und beginnenden Samaelzeit hatten ihren kosmischen Weg zwischen Tod und neuer Geburt vollendet und waren bereit, in der jetzt anbrechenden Michaelzeit ihren Erdenweg anzutreten, um ihr Werk – bereichert um die Erfahrungen und Entwicklungen der Zeit zwischen Tod und neuer Geburt – fortzusetzen. Sie fanden hier die Früchte der Rosenkreuzer vor, die in der Zwischenzeit auf der Erde wirksam gewesen waren, und versuchten nun, daran anzuknüpfen in ihrer Absicht, den Kampf gegen den Materialismus zu führen. Wir werden dies im nächsten Kapitel genauer schildern.

Doch zuerst muss auf einen noch größeren Entwicklungsbogen hingewiesen werden; der Blickwinkel, unter dem wir den Grundstein betrachten, erweitert sich dadurch zur Menschheitsdimension.

1899 war das sogenannte «Kali Yuga», das 5000 Jahre währende finstere Zeitalter, zu Ende. Die altindische Tradition spricht von einer Reihe von Zeitaltern, während derer die Menschheit schrittweise immer tiefer in die irdische Inkarnation absteigt. Nach dem goldenen Zeitalter, in dem der Mensch noch ganz in einer göttlichen Welt lebte, dem silbernen und ehernen Zeitalter war die Entwicklung im Jahre 3101 vor Christus so weit fortgeschritten, dass der Mensch zur vollständigen Verbindung mit der Erde während eines Erdenlebens gelangen konnte. Nun folgte das «finstere Zeitalter», eben das Kali Yuga, in dessen Verlauf die Menschheit eine immer stärker werdende Bindung an die Materie erfuhr, bis sie zum Schluss jede Erinnerung an eine geistige Wirklichkeit verloren hatte. Nun, nach dem Ablauf dieses Zeitalters, wurden wieder neue geistige Offenbarungen möglich, die sich denen eröffneten, die die Geisteskraft besaßen, diese Offenbarungen zu suchen.

Kurz vor dem Beginn des Kali Yuga fand im damaligen Indien ein wichtiges Ereignis statt, das im Maha-Bharata, dem zentralen Volksepos der Inder, beschrieben wird. Den Höhepunkt dieses Epos bildet die Baghavad-Gita, in der Krishna, inkorporiert im Wagenlenker Arjunas, seine Lehren verkündigt.

Das gesamte Maha-Bharata handelt vom Kampf zweier nahverwandter Familien, den Kurawas, die noch ganz im Sinne des alten Gruppenwesens leben und noch über eine gewisse Hellsichtigkeit verfügen, und den Pandawas, fünf Brüdern, die schon stark aus ihrem persönlichen, individualisierten Ich leben und handeln. Sie sind die Vertreter der zukünftigen Menschheit. Ihr Anführer ist Arjuna, ein Bogenschütze, dessen Ich-Kraft so stark ist, dass er niemals sein Ziel verfehlt. Die Bhagavad-Gita spielt sich kurz vor der entscheidenden Schlacht der beiden Heere ab. Rudolf Steiner hat der Baghavad-Gita zwei vollständige Vortragszyklen gewidmet (GA 142 und 146). Darin wird die Tatsache enthüllt, dass es sich bei dem Wesen, das die Inder Krishna nannten, um die Individualität handelt, die in späterer Zeit ihre erste irdische Verkörperung als der «nathanische Jesusknabe» erfahren sollte. Davor vollbrachte dieses engelhafte Menschenwesen mehrere Taten im Dienste einer heilsamen Entwicklung der Menschheit. Während seines Kampfes[2] wird Arjuna der wahre

Yoga offenbart, der Entwicklungsweg, der die Menschheit durch das finstere Zeitalter führen kann: der Weg der Mitte zwischen den Einseitigkeiten des zu hoch, zu tief, zu viel oder zu wenig – ein Weg, der sich an den reinen Unschuldskräften orientiert, deren Träger Krishna bzw. das nathanische Jesuswesen ist. Überdies darf dieser wahre Yogaweg nicht von der Erde wegführen: Arjuna muss einerseits zwar Yogi sein, er darf jedoch andererseits die Pflichten des alltäglichen sozialen Lebens nicht vernachlässigen.

Die Baghavad-Gita ist eine letzte große Offenbarung vor dem Beginn des Kali Yuga. Derartige Offenbarungen sind erst wieder nach dem Ende des finsteren Zeitalters möglich. Am Anfang des Kali Yuga überschritt die Menschheit die Schwelle vom Geisterleben zum Erdenerleben; heute, nach dem Ende des Kali Yuga, beschreitet die Menschheit den umgekehrten Weg: vom Materialismus zu einem neuen Geisterleben. Wieder wird dabei eine Schwelle überschritten.

Gleich nach dem Jahre 1899 konnte die neue Geistesoffenbarung der Anthroposophie beginnen. Was sich kurz vor dem Anfang und kurz nach dem Ende des finsteren Zeitalters abspielte, kann wie durch einen großen Bogen verknüpft erscheinen: Der Grundstein, der in die Herzen der Menschen eingesenkt wurde, ist eine nachchristliche Metamorphose des Krishna-Aufrufs, den «Weg der Mitte» zu beschreiten, auf «dass gut werde, was wir aus Herzen gründen, was wir aus Häuptern zielvoll führen wollen».

Die übersinnliche Michaelschule und die Rosenkreuzerströmung

Aus den Karmavorträgen, die Rudolf Steiner nach der Weihnachtstagung 1923 hielt, besonders aus den Vorträgen im Juli und August 1924, kann ein Bild der karmischen Gruppen gewonnen werden, die sich auf die Aufgabe vorbereitet haben, mit ihren Impulsen dem geistigen Durchbruch am Ende des finsteren Zeitalters seinen Inhalt zu geben. Die Kenntnis dieser Vortragsreihen wird bei den nachfolgenden Ausführungen vorausgesetzt, da wir nur zusammenfassend auf die dort dargestellten Tatsachen eingehen können.

Hier kommt in allererster Linie der innere Zusammenhang zwischen Raphael- und Michaelzeit in Betracht. Rudolf Steiner hat auch an anderer Stelle auf verschiedene Aspekte dieser Beziehung hingewiesen, so zum Beispiel in den Vorträgen über das Wirken der Erzengel im Jahreslauf vom Oktober 1923, die unter dem Titel *Das Miterleben des Jahreslaufes in vier kosmischen Imaginationen* (GA 229) erschienen sind. Da werden in großen Imaginationen die Wesenszüge u. a. Michaels und Raphaels dargestellt und im letzten Vortrag das Zusammenwirken beider beschrieben. Wenn im Herbst Michael von «oben» herab wirkt, dann wirkt Raphael von «unten», durch die Erde herauf und umgekehrt. Das Geheimnis, das zwischen Michael und Raphael webt, zwischen Sonne und Merkur, Herz und Lunge (als Sonnen- bzw. Merkurorgan) bildet die Grundlage des tieferen Verständnisses des Grundsteinspruches, wie Rudolf Steiner ihn während der Weihnachtstagung aussprach.

Dasselbe Geheimnis des Zusammenspiels bei gleichzeitigem Antagonismus finden wir auch in der Beziehung zwischen Raphaelzeitalter und Michaelzeitalter. Wir erwähnten bereits kurz die drei großen Impulse der Raphaelzeit: die Gralsströmung, die Schule von Chartres und den Templerorden. Neben diesen Hauptströmungen gab es noch vielerlei kleinere Gruppierungen von Menschen, die ein spirituelles, johanneisches Christentum suchten. Sie alle galten vor der Kirche als Ketzer und wurden von der Inquisition verfolgt, ein Los, das am Ende auch den Templerorden traf. Die Raphaelzeit war eine Periode, in deren spirituellem Klima sich viele suchende Seelen inkarniert hatten. Sie schritten alle durch die Pforte des Todes und traten ihren Weg durch die Planetensphären an, wie dies in den Vorträgen während der Gründung der Anthroposophischen Gesellschaft in den Niederlanden im November 1923 beschrieben wird (erschienen als GA 231). Im Anbruch des Marszeitalters folgten ihnen dann die Aristoteliker um Thomas von Aquino und die letzten Templer.

Nachdem sie ihr persönliches Karma in der Monden-, Merkur- und Venussphäre abgelegt haben, erreichen diese Seelen die Sonnensphäre, wo sie lange Zeit verweilen, um sich wieder ganz den großen, umfassenden Menschheitsproblemen zu öffnen. Diese Sonnensphäre haben all die beschriebenen Seelen während des 15. und I6. Jahrhunderts erreicht. Hier versammelt Michael alle Seelen, die innerhalb der verschiedenen Strömungen so intensiv ein spirituelles Christentum gesucht hatten, in einer «übersinnlichen Schule» um sich, um sie auf inspirative Weise – es handelt sich also um eine Art geistiger *Sprache* – zu unterweisen. Mitwirkende dieser Schule sind die großen Führerpersönlichkeiten der genannten Strömungen. Man darf in diesem Zusammenhang an Alanus ab Insulis aus Chartres, an Thomas von Aquino, an den Templer Jacques de Molay und viele andere mehr denken. Eine übersinnliche Schule wird immer ein wechselseitiges Geben und Nehmen beinhalten. Inhalt dieser Schule ist die Verchristlichung aller Mysterienweisheit mit dem Ziel, sie nach Ablauf des Kali Yuga in erneuerter Form der Menschheit zugänglich zu machen.

Nach einer längeren Zeit der intensiven Zusammenarbeit im Übersinnlichen lösen sich die Individualitäten aus dem beschriebenen Zusammenhang und setzen ihren Weg durch die obersonnigen Planetensphären fort (Mars, Jupiter und Saturn), um schließlich die «Weltenmitternacht», die Mitte der Zeit zwischen alter und neuer Inkarnation, zu erreichen. Da wird der Entschluss zum abermaligen «Abstieg» in die neue Inkarnation, man kann auch sagen: in die «Verdichtung», gefasst. Wiederum werden Saturn-, Jupiter- und Marssphäre durchschritten und damit die Erinnerungs-, Denk- und Sprachfähigkeiten des neuen Erdenlebens ausgebildet. Die absteigenden Seelen gelangen zum zweiten Mal in den Bereich der Sonnensphäre und begegnen dort den mit ihnen in der kommenden Inkarnation verbundenen Seelen. Gemeinsam, in einem gewaltigen «sozialen» Prozess, wird am gemeinschaftlichen Zukunftskarma gearbeitet. Denn Karma ist niemals etwas, das lediglich den Einzelmenschen betrifft – Karma ist immer eine soziale Angelegenheit, die sich *zwischen* den Menschen abspielt! Dies wird beim Aufenthalt in der Sonnensphäre noch in seiner vollen Wirklichkeit erlebt, doch muss es dann innerhalb der Widerstände der irdischen Inkarnationsverhältnisse auch verwirklicht werden.

So verweilen also die Seelen, die bereits die erste, inspirative Michaelschule durchlaufen haben, zum zweiten Mal gemeinsam in der Sonnensphäre. Aufs Neue versammelt Michael diese Seelen in einer übersinnlichen «Schule», in welcher der Inhalt der ersten Michaelschule in einem «kosmischen Kultus», in großen *imaginativen* Bildern, zusammengefasst wird. Diese Bilder wirken sich mit prägender Kraft beim weiteren Abstieg aus der Sonnensphäre aus, wenn sich die übersinnliche Gemeinschaft wieder in Einzelseelen auflöst, die jetzt ihr Karma in die Kräfte umsetzen, die den neuen Leib aufbauen und ihm seine individuelle Form verleihen. Während dieses Abstiegs durch die untersonnigen Planetensphären von Venus und Merkur werden nun die imaginativen Bilder der Michaelschule gleichsam eingewoben in die Bildekräfte, die die Organe des Erdenleibes aufbauen.

In der Mondensphäre schließlich wird aus den mitgebrachten Formkräften der Ätherleib gebildet. Danach kann die Verbindung mit dem irdischen Vererbungsstrom eintreten. *Alle diejenigen, die mehr oder weniger bewusst an der Michaelschule haben teilnehmen können, tragen die Michaelimaginationen in ihrem Ätherleib, untergetaucht in das Unbewusst-Seelische ihres Organlebens.*

Begegnet einem Michaeliten während seines Erdenlebens etwas, das aus der Michaelschule stammt – das kann ein Bild, ein Buch, ein bestimmtes Wort sein –, so steigt aus dem Unterbewussten so etwas wie ein erkennendes, freudiges Ja-Gefühl auf, das seinem Inhalt nach etwa so umschrieben werden kann: Dies ist es, was ich immer schon gesucht habe; jetzt stoße ich auf ein Grundmotiv meines Lebens! – Wer dagegen an jener übersinnlichen Vorbereitung nicht teilgenommen hat, wird sich vielleicht abwenden und sich sagen: So einen Unsinn habe ich noch nie gehört …

An diesem primären Ja-Gefühl erkennt man die Michaeliten. Und das sind Hunderte, Tausende – neben den zentral Beteiligten auch sehr viele, die mehr «am Rand» des Geschehens standen und sich daher vielleicht erst in einem nächsten Leben dazu entschließen, in dieser Richtung zu suchen. Außerdem gibt es viele Seelen, die angesichts der Michaelschule empfanden: «Hier geschieht etwas Wichtiges, doch ich kann es noch nicht verstehen.» Solche Menschen stehen der Anthroposophie häufig durchaus positiv gegenüber, ohne sich jedoch persönlich mit ihr verbinden zu können.

Das Schema auf Seite 27 ist ein Versuch, den Weg der Seelen im übersinnlichen Bereich im Zusammenhang mit den Erzengel-Regentschaftsperioden darzustellen.

Nun gibt es aber noch einen anderen Weg, einen Weg, *der hier auf der Erde verläuft*. Dieser Weg – man könnte ihn den «unteren Weg» nennen – wurde von Individualitäten beschritten, die die Aufgabe haben, den Strom des esoterischen Christentums hier auf Erden nicht versiegen zu lassen, damit er später wieder aufgegriffen werden kann. Diese karmische Gruppe schart sich um die Individualität des Christian Rosenkreuz. Sie wählte den Weg der Verchristlichung der Materie im Gewande einer Alchimie, die gleichermaßen eine Alchemie der Seele wie der Materie war. Viele Seelen dieser Strömung erfuhren eine Vorbereitung auf diese schwere Aufgabe in den hermetischen Mysterien des alten Ägypten.

Wer sich eingehend mit den in der Rosenkreuzerströmung wirksamen Individualitäten und den mit ihr verbundenen höheren Wesen beschäftigt, wird zunehmend von Ehrfurcht vor der weisheitsvoll geführten Menschheitsentwicklung ergriffen. Denn es wirken in der Rosenkreuzerbewegung, die ja hier auf Erden scheinbar nur wenige Spuren hinterlassen hat, neben Christian Rosenkreuz selbst noch verschiedene andere hohe Individualitäten mit, die alle bereits wichtigste Aufgaben erfüllt haben.

Im vierten Jahrhundert nach Christus versammelte Mani oder Manes, der Begründer des Manichäismus, als Geistpersönlichkeit wirkend drei damals inkarnierte Individualitäten in Kolchis, einer östlich des Schwarzen Meeres gelegenen Stätte, um mit ihnen über die Frage zu beraten, auf welche Weise der Entwicklungsweg der Menschheit in der Zukunft geschützt

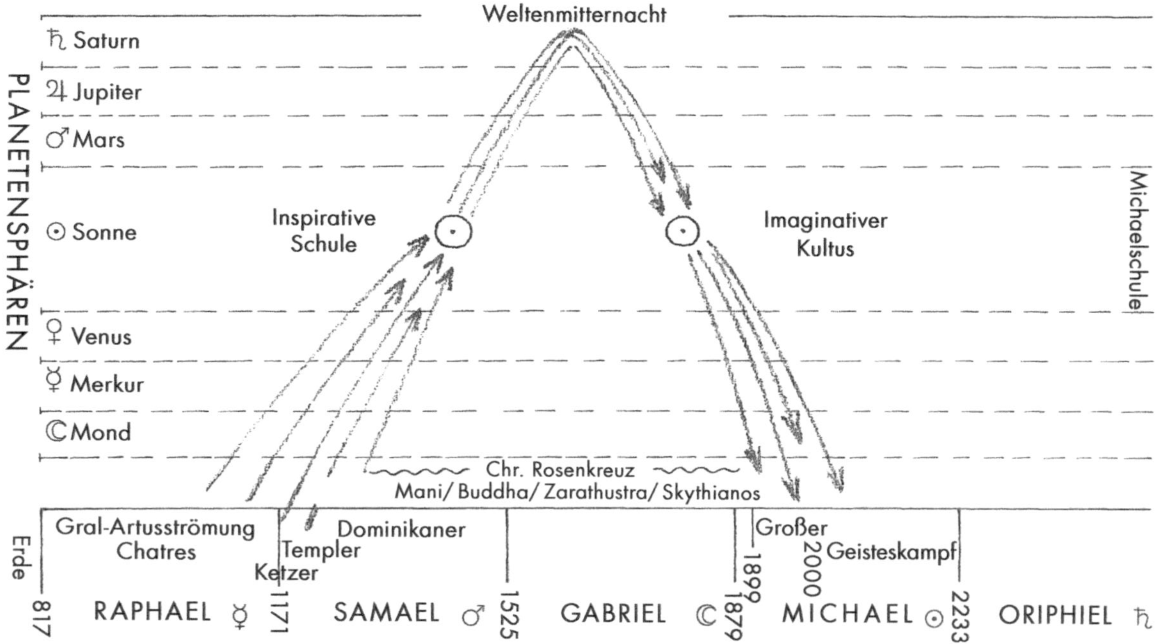

Weltenmitternacht
PLANETENSPHÄREN
♄ Saturn
♃ Jupiter
♂ Mars
☉ Sonne
♀ Venus
☿ Merkur
☾ Mond
Inspirative Schule
Imaginativer Kultus
Michaelschule
Chr. Rosenkreuz
Mani/ Buddha/ Zarathustra/ Skythianos
Erde
Gral-Artusströmung
Chatres
Templer
Ketzer
Dominikaner
Großer Geisteskampf
817
RAPHAEL ☿
1171
SAMAEL ♂
1525
GABRIEL ☾
1879
1899
2000
MICHAEL ☉
2233
ORIPHIEL ♄

werden könnte. Bei diesen drei Teilnehmern handelte es sich um Inkarnationen Zarathustras, des Skythianos und um eine menschliche Inkorporation des Buddha. Mani selbst wurde im neunten Jahrhundert als Parzival wiedergeboren.

Damit nahm er als Erster die Aufgabe des Bewusstseinsseelen-Menschen auf sich, eine Inkarnation zu durchleben, die von einem völligen Vergessen jeglicher alter Weisheit und einem absoluten Neuanfangen gekennzeichnet ist. Dies ist bis heute die Situation aller Bewusstseinsseelen-Menschen. Wir alle werden als Parzival, als «unwissender Tor» geboren. Wir müssen alle ganz neu und aus eigener Kraft den Zugang zur Wirklichkeit des Geistigen finden. Wir müssen durch die Unwissenheit, den «Zweifel» gehen, um schließlich nach langen Kämpfen zur «Saelde», der inneren Gewissheit, zu gelangen. Mani-Parzival weist uns dabei den Weg.

Die beschriebene Zusammenkunft im vierten Jahrhundert endete mit dem Entschluss, sich mit derjenigen Individualität zu verbinden, die ihr Wirken unter dem Namen Christian Rosenkreuz vorbereitete. Buddha ergriff die Aufgabe, die Reinkarnationslehre in eine neue, verchristlichte Form zu bringen; Skythianos, der Eingeweihte der skythischen Völker, der nach Rudolf Steiner «die Geheimnisse des physischen Leibes kennt», widmete sich der Aufgabe, die Lehren der Kosmogonie, der Weltentwicklung, zu erneuern; Zarathustra schließlich hatte, so könnte man formulieren, die Aufgabe, die Umschmelzung der altpersischen Dualität im christlichen Sinne zur Dreiheit des Christus zwischen Luzifer und Ahriman zu impulsieren. Sie alle wirkten als Inspiratoren und «Freunde» des Christian Rosenkreuz während dessen irdischer Inkarnation, in dem Zeitraum, da in der Sonnensphäre die beiden Michaelschulen stattfanden.

In Christian Rosenkreuz selbst tritt uns die Individualität entgegen, die in allerintimster Weise mit dem Christus verbunden ist. In ihm lebt die Individualität, die wir als den Baumeister des Salomonischen Tempels kennen: Hiram, der sich selbst als Nachkomme des Tubal-Kain bezeichnet. Aus der Tempellegende (Rudolf Steiner hat viele Male über sie gesprochen, z. B. in GA 93) wissen wir, dass dieser Mensch aus dem Geschlecht Kains dem Abeliten Salomo bei der Verwirklichung des Tempelbaus zur Seite stehen musste. Es vollzog sich gewissermaßen ein Ausgleich des kainitischen Brudermordes. Die beiden einstmals verfeindeten Strömungen wirken nun zusammen.

In Lazarus sehen wir den wiederverkörperten Hiram (vgl. GA 265). Nach seiner Auferweckung durch Christus wird er «der Jünger, den der Herr liebte», Johannes. Er ist der Einzige aus dem Jüngerkreis, der unter voller Aufrechterhaltung seines Bewusstseins unter dem Kreuz steht; danach ist er in der Lage, das Spirituellste der Evangelien und die Apokalypse niederzuschreiben.

Dieselbe Individualität macht danach eine Reihe kurzer Inkarnationen durch, die alle mit einem christlichen Märtyrertod enden. In einem Gespräch in kleinem Kreise in Den Haag nannte Friedrich Rittelmeyer sie einmal «den größten christlichen Märtyrer aller Zeiten» – eine wahre «imitatio Christi»!

Es ist diese Individualität, die ungefähr 1250 n. Chr. eine neuerliche Einweihung erfährt unter der Leitung von zwölf Menschheitsführern, deren jeder eine menschheitliche Entwicklungsphase repräsentiert. Rudolf Steiner stellt dieses Ereignis in seinen Vorträgen über Christian Rosenkreuz dar, die er im Jahr 1911/12 in Neuchâtel hielt (GA 130). Danach erst kann diese Individualität die Aufgabe auf sich nehmen, zusammen mit Buddha, Zarathustra und Skythianos unter der Wirksamkeit des Mani/Parzival die rosenkreuzerische Mission auf Erden zu vollbringen.

In dem Schema auf Seite 27 erscheinen die kosmische Michaelschule und die irdische Rosenkreuzerschule wie zwei getrennt verlaufende Strömungen; die eine ist «oben» wirksam, die andere «unten». Doch erscheinen sie nur in der Maja von Zeit und Raum getrennt. In Wirklichkeit arbeiten diese beiden Strömungen nicht getrennt voneinander – geistig gesehen widmen sie sich nur verschiedenen Seiten derselben Aufgabe: die Inauguration der neuen Geistesoffenbarung nach dem Ende des Kali Yuga vorzubereiten. Hier wirken Hierarchien und Menschen zusammen, um bereit zu sein, wenn die Zeit reif ist.

Als hoher Eingeweihter hatte Rudolf Steiner die Aufgabe, nach 1899 die kosmische Michaelschule mit der irdischen Rosenkreuzerschule zu einer einzigen Offenbarung eines rosenkreuzerischen Christentums zu verbinden. Er war der Hierophant, der, zusammen mit dem aus Geistbereichen wirksamen Christian Rosenkreuz, die Schüler in die Weisheit und die Wärme dessen einweihte, was dann den Namen «Anthroposophie» tragen sollte. Ein Gefühl der Ehrfurcht vor der Selbstlosigkeit Rudolf Steiners kann sich bilden, wenn man sich vor Augen führt, wie er sich immer wieder ganz zur Verfügung stellte dafür, dass die Früchte der Arbeit anderer zur Reife kommen konnten: die christliche Reinkarnationslehre als Metamorphose der Lehre des Buddha; die Kosmogonie der *Geheimwissenschaft im Umriss*, die mit Skythianos verbunden ist; die Dreigliederung, in welcher man den Geist des Zarathustra und des Christian Rosenkreuz, aber auch den vorbereitenden Impuls der Templer wahrnehmen kann. In der geistigen Welt existiert kein geistiges Urheberrecht, sondern nur Schenken und Dienen!

Rudolf Steiners Erdenleben beginnt im Jahre 1861. Dadurch ist er nach seinem vierzigsten Lebensjahr in der Lage, seine Weltenaufgabe nach dem Ablauf des Kali Yuga zu erfüllen. Mit ihm zusammen inkarniert sich in den Jahren vor der Jahrhundertwende eine Reihe wichtiger Persönlichkeiten, um die Anthroposophie in ihrer anfänglichen Gestalt mitzuverwirklichen. In der Anthroposophie hat Rudolf Steiner zwei «Sonnenschulen» vereinigt und dadurch auch Menschen zur Zusammenarbeit gebracht, die sich noch nicht kannten bzw. sich in früheren Inkarnationen möglicherweise sogar bekämpft haben. In der anthroposophischen Bewegung begegneten sie sich, arbeiteten zusammen, mussten aber auch altes Karma ins Gleichgewicht bringen. Gegenüber Ehrenfried Pfeiffer äußerte Rudolf Steiner einmal, viele Anthroposophen müssten eine «Zwischeninkarnation» durchmachen, um altes Karma zu bereinigen, sodass sie in ihrer künftigen «echten» Inkarnation davon befreit seien, wenn es gelte, den großen Geisteskampf zu bestehen. Diese Äußerung wirft Licht auf jenen anderen Hinweis Rudolf Steiners, dass viele der damals Anwesenden bereits am Ende des 20. Jahrhunderts wieder inkarniert sein würden, um am großen Geisteskampf teilzunehmen.

Vor diesem Hintergrund lassen sich auch die tragischen Ereignisse in der Geschichte der anthroposophischen Bewegung besser verstehen. Wir können daran lernen, nicht zu urteilen, solange wir nicht über die völlige Einsicht in die tieferen Zusammenhänge verfügen.

Alle Aussagen, die über den Grundstein gemacht werden können, werden immer nur Teilaspekte seiner komplexen Wirklichkeit beleuchten können. Dennoch ergeben viele Teilaspekte zusammengenommen doch ein anfängliches Gesamtbild. Einige dieser Gesichtspunkte sollen hier noch kurz angedeutet werden.

Im Mittelalter galt der Gral, der vom Osten nach dem Westen gebracht wurde, als das Wahrbild eines Christentums, das den Menschen mit dem Geistselbst des Christus verband und ihn von negativen astralischen Kräften reinigte. Man sprach in diesem Zusammenhang von dem rosenfarbenen Blut Christi als Bild dafür, dass sich hier das trübe, von Leidenschaften erfüllte rote Blut zur pflanzenhaften Reinheit geläutert hatte. Manche Kathedralen besitzen noch heute sogenannte Blutreliquien aus dem Mittelalter.

Ein Teilaspekt jener umfassenden Wirklichkeit wird sichtbar durch die Aussage: Der Grundstein spielt heute die Rolle, die einstmals der «Gralstein» des Mittelalters gespielt hat. So kann auch die Schule von Chartres als Vorläuferin dessen bezeichnet werden, was heute die Freie Hochschule für Geisteswissenschaft ist. In gleicher Weise kann im Wirken der Templer die Vorbereitung der Dreigliederungsideen empfunden werden. Doch es ist damit nur der «obere Weg» im Blickfeld! Das Rosenkreuz ist als Symbol späteren Ursprungs als der Gral. Der Grundsteinspruch baut auf den dreiteiligen Rosenkreuzerspruch auf: Die Freie Hochschule für Geisteswissenschaft ist eine Metamorphose des Weges von Chartres durch die Michaelschule in Verbindung mit der Rosenkreuzerschule.

Je mehr man sich in die während ihrer vorbereitenden Wirksamkeit noch getrennten, doch jetzt in der anthroposophischen Bewegung zusammenfließenden Elemente vertieft, desto größer kann die Ehrfurcht werden gegenüber dem eingeweihten Rudolf Steiner, der aus der Erfassung dieser Zusammenhänge gemeinsam mit Christian Rosenkreuz die Anthroposophie inaugurierte und in ihren verschiedenen Daseinsformen ausgestaltete. Dann schließlich, nach dem Schmerz über den Brand des ersten Goetheanums, konnten ab 1923 neue Formen entstehen. Der Grundstein ist deren erste Manifestation.

Mit diesen aphoristischen Betrachtungen wollten wir auf einige Strömungen hinweisen, die an der großen Aufgabe, der neuen Geistesoffenbarung zum Durchbruch zu verhelfen, beteiligt waren. Doch die Gegenmächte haben durchaus nicht tatenlos zugesehen. Gegenüber Herbert Hahn äußerte Rudolf Steiner sich einmal darüber: «Sobald irgendwo eine wichtige geistige Initiative entsteht, halten die Gegenmächte Kriegsrat, wie sie diese verhindern können.» Nun wäre eine Darstellung dieses Kriegsrates der Gegenmächte und ihrer Strategien sicherlich besonders eindrucksvoll, wenngleich keine erbauliche Lektüre. Wir haben angesichts des beschränkten Rahmens dieser Publikation über den Grundstein davon abgesehen. Der Autor folgte stets der Devise: *Das Licht ist immer stärker als die Finsternis.* Doch es muss dieses Licht auch entzündet werden. Und das ist die Aufgabe für uns Menschen hier auf der Erde.

Indem wir uns mit dem Grundstein verbinden, kann das Licht in unseren Seelen entzündet werden.

Zweiter Teil:
Ein Weg durch den Grundstein

Der Kampf um die Menschenseele

Am Anfang der ersten drei Teile des Grundsteinspruches erklingt der dreifache Aufruf: *Menschenseele!* Es wird die Menschen*seele* angerufen, das Gebiet der Mitte zwischen Leib und Geist.

Der Geist des Menschen, unser wahres Ich, ist ein Geschenk der Geister der Form, der Exusiai – in der Bibel werden sie als Elohim bezeichnet – aus der Mitte der Erdenentwicklung, der atlantischen Entwicklungsepoche. Unser Ich verfügt dadurch potenziell über die Form- und Schöpferkraft der Elohim. Wenn das Ich einmal seine höchste und reifste individuelle Ausprägung erreicht haben wird, dann wird es mitschöpferisch und mitverantwortlich als «zehnte Hierarchie» des Kosmos wirksam sein. Diese Situation wird in der Jupiterphase der Weltentwicklung eintreten.

Das Ich, einst als Geschenk der Elohim gleichsam ein Tropfen aus deren eigener Substanz, muss nun seine Entwicklung zur individuellen Verantwortlichkeit auf der Erde durchmachen. Dies geschieht durch die Reihe der wiederholten Erdenleben; dafür braucht es den Widerstand der menschlichen Leiblichkeit.

Ein Teil desjenigen Aspektes dieser Leiblichkeit, der als Astralleib bezeichnet wird und die Seite unserer Zanimalischen Begierden und Impulse darstellt, wird durch das Ich zum eigentlich menschlichen Seelenbereich veredelt. In diesem Bereich kommt es zum anfänglichen Erwachen des spezifisch menschlichen Bewusstseins. Dieses «erste Erwachen» der Menschenseele ist die sogenannte Empfindungsseele. Der Astralleib kann auch als «Empfindungsleib» bezeichnet werden; ein Teil dieses Empfindungs*leibes* wird also umgewandelt in

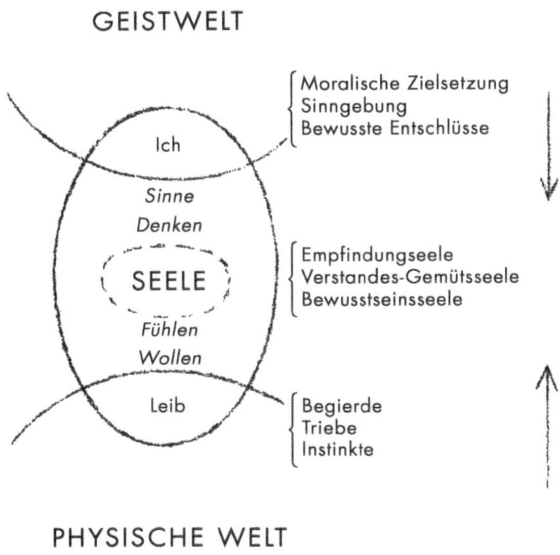

die Empfindungs*seele*. Dieser Prozess vollzog sich menschheitsgeschichtlich während der ägyptisch-chaldäischen Kulturepoche.

Während späterer Entwicklungsepochen, besonders der griechisch-römischen, erfolgte die Ausbildung der sogenannten Verstandes- und Gemütsseele aus den Kräften des Äther- oder Lebensleibes. Mit der heraufkommenden Neuzeit setzt schließlich die allmähliche Entwicklung der Bewusstseinsseele ein; sie speist sich aus Kräften, die im physischen Leib wirksam sind. In diesem Prozess befinden wir uns heute. Von der Leiblichkeit her wirken Kräfte auf die Seele ein: die Instinkte, Triebe und Begierden. Vom individuellen Geist, dem Ich, her sind die moralischen Zielsetzungen in der Seele wirksam. Dort begegnen sie dem Widerstand der irdischen Kräftewelt.

Das Ich ist seinem Wesen nach ewig. Es schreitet fort von Inkarnation zu Inkarnation. Die Erfahrungen eines

Erdenlebens werden zu Fähigkeiten des nächsten. Die menschliche Seele dagegen ist immer «einmalig», das heißt: Sie wird in jeder Inkarnation aufs Neue gebildet im Wechselspiel von Leib und Geist, unter Einfluss der Kultur und der Mitmenschen hier auf der Erde.

Begegnen wir jemandem, mit dem wir von früheren Leben her verbunden sind, so ist uns nur dessen Ich bekannt. Dieses Ich bleibt jedoch der irdischen Wahrnehmung zuerst einmal weitgehend verborgen. Leib und Seele entstammen nicht geradlinig der vorigen Verkörperung; sie sind Neubildungen, die mit der *jetzigen* Inkarnation zusammenhängen.

Da wir immer der Seele eines anderen Menschen mit unserer eigenen Seele begegnen, ist diese Begegnung für uns neu. Erst da, wo sich ein Ahnen des «in» oder «hinter» dem anderen verborgenen höheren Ich einzustellen beginnt, kann es zur Erfahrung der «Bekanntheit» aus früheren Leben kommen.

Nicht nur die Begegnung mit anderen Menschen, auch die Begegnung mit der Welt als solcher spielt sich in der Seele ab. Die Seele atmet die Welt mittels der Sinne gleichsam ein; die Welt lebt dann in der Seele. In den menschlichen Taten atmet die Seele aus, in die Welt hinein, und fügt der Weltentwicklung den Beitrag des Menschen hinzu.

Das menschliche Ich begegnet der Welt durch die sich entwickelnde Seele. Auf das Ich des Menschen haben die sogenannten Gegenmächte im Grunde keinen Zugriff. Der Bereich, in dem diese Kräfte, die die Weiterentwicklung der Menschheit verhindern möchten, wirken können, ist die menschliche Seele. Sie versuchen in ihr so tätig zu werden, dass das Ich entweder der Welt nicht mehr begegnen kann (die luziferische Versuchung) oder sich ein verzeichnetes Bild dieser Welt formt (die ahrimanische Versuchung). Selbst die stärksten Gegenmächte, die Asuras, können das Ich nicht vernichten; sie legen es darauf an, die karmisch bereits erworbene Moralität wieder aufzuheben, indem sie den Menschen in selbstzerstörerische Sinnlichkeit und in den Nihilismus hineinführen.

Der Kampf um die Entwicklung der Menschheit spielt sich also in den Seelen der Menschen ab. Hier finden wir den eigentlichen Schauplatz dieser Auseinandersetzung. Deshalb nimmt der anthroposophische Schulungsweg seinen Ausgang bei der Entwicklung der Seelenkräfte. Eine der allerersten Übungen ist die Ausbildung eines «reichen inneren Lebens», das heißt eines differenzierten Seelenlebens, das in der Lage ist, sich der Welt zu öffnen.

Die Entwicklung der Seele ist eine Lebensnotwendigkeit für das Ich. Wenn diese Entwicklung unterbunden wird, kann das Ich nicht die Erfahrungen machen, die es für seine karmische Weiterentwicklung während seiner Inkarnationsreihe braucht. Würde die menschliche Seele ganz unentwickelt bleiben, so wäre jegliche irdische Inkarnation des Ich vergebens. Und genau das erstreben die Gegenmächte!

Der Grundstein wurde in die *Mitte* gelegt, in die menschliche Seele zwischen Leib und Geist. Bei der Grundsteinlegung am 25. Dezember 1923 legte Rudolf Steiner diesen «Stein», wie er sich ausdrückte, in die *Herzen* der Menschen. Die Kräfte des Grundsteins gehen aus von der Mitte.

Der Mensch als dreigliedriges Wesen

Die Menschenseele lebt auf der Erde in der Hülle der Leiblichkeit. Diese Leiblichkeit hat drei Seiten, drei Aspekte, durch welche unsere Seele ein dreifaches Verhältnis zur Welt eingeht. Bei diesen Aspekten handelt es sich um das Nerven-Sinnes-System – es hat sein Zentrum im Kopf –, das rhythmische System, das vor allem in Herz und Lunge lebt, und das Stoffwechsel-Gliedmaßen-System, das den unteren Pol des Leibes umfasst. Im Grundsteinspruch werden alle drei Gebiete angesprochen. Der erste Teil beginnt mit den Worten:

> Menschenseele!
> Du lebest in den Gliedern,
> Die dich durch die Raumeswelt
> In das Geistesmeereswesen tragen.

Was ist dieses Geistesmeereswesen, in das unsere Glieder uns tragen? Jeden Abend, beim Einschlafen, betreten wir das Geistesmeer der Ätherwelt, und jeden Morgen tauchen wir aus diesem Meer auf und begeben uns wieder an Land im Wachbewusstsein. Auch nach dem Tode durchschreiten wir dieses Geistesmeer auf unserem Weg zu den Planetensphären.

Die Bewegung von Einschlafen und Aufwachen kommt in einer Meditation zum Ausdruck, die Rudolf Steiner viel früher bereits als Abend- und Morgenmeditation gegeben hatte. Wer diese Sprüche eine Zeit lang meditiert, kommt zu einer Verbindung des inneren Erlebens mit dem Geistesmeer der ätherischen Welt:

Abend: Es tritt bewusst mein Ich
Aus dem Reich der Daseinshüllen,
Zu ruhen in der Welten Wesen.
Ins Göttliche strebet es.
Gewinne Seele dieses Reich;
Des Geistes glänzend Wogenmeer,
Des Lichts erstrahlende Gebilde.

Morgen: Lichterstrahlende Gebilde,
Glänzendes Wogenmeer des Geistes,
Euch verließ die Seele.
Im Göttlichen weilte sie,
In ihm ruhte ihr Wesen.
In das Reich der Daseinshüllen
Tritt bewusst mein «*Ich*».

Wir können durch diese Meditation (GA 245) zu einem bewussteren Übergang gelangen vom Leben innerhalb unserer Leibeshüllen (am Tage) zum Leben in jenem Wogen des Äthermeeres (in der Nacht).

Doch auch während unseres Tageslebens sind wir mit dieser Nachtwelt verbunden, wenngleich unbewusst: In unserem Stoffwechsel-Gliedmaßen-System herrscht ständig unbewusst Nacht. Wenn wir einen Arm oder ein Bein gezielt bewegen, tauchen wir mit unserem Bewusstsein kurz in jene Nachtwelt des «Gliedmaßenmenschen» unter, bevor wir uns wieder in die Welt unseres Tagesbewusstseins zurückziehen. Jede gezielte Bewegung ist ein kurzes Einschlafen und Wiedererwachen.

Alle unsere Taten zusammengenommen tragen uns im Todesaugenblick, dem Einschlafen vergleichbar, hinein in das wogende Meer des Geistes. Dort verlieren sich unsere Gedanken rasch, doch was bleibt, ist die Bewegungssprache unserer Gliedmaßen. Wir werden nach dem Tod ganz und gar «Bewegungsmensch», charakteristische Bewegung – charakteristisch durch den Grad der Moralität oder Immoralität, den die Bewegungen zum Ausdruck bringen.

Der zweite Aufruf lautet:

Menschenseele!
Du lebest in dem Herzens-Lungen-Schlage,
Der dich durch den Zeitenrhythmus
Ins eigne Seelenwesensfühlen leitet.

Während der Grundsteinlegung am 25. Dezember 1923 ging Rudolf Steiner von diesem mittleren Spruch aus. Dabei wies er auf Folgendes hin (GA 260): Es geht darum, dass der Mensch «erkennt im aktiv tätigen Erfassen der Welt, indem er seine Pflichten, seine Aufgaben, seine Mission in der Welt erfüllt – das Wesen der allwaltenden Menschen- und Weltenliebe, die da ist ein Glied im Gesamtweltenwesen. Und man kann sich überzeugt halten, dass wenn der Mensch erkennt das wundervolle Geheimnis, das da waltet zwischen Lunge und Herz (...), indem dieses weisheitsvoll mit dem Herzen als Erkenntnisorgan erfasst wird, dann der Mensch erfahren kann, wie die Weltenbilder, die gottgegebenen, den Kosmos aus sich heraus tatkräftig offenbaren. Wie man im wirkenden Sich-Bewegen erfasst die waltende Weltenliebe, so wird man die Urbilder des Weltenseins erfassen, wenn man in sich fühlt den geheimnisvollen Übergang zwischen Weltenrhythmus und Herzensrhythmus und durch diese wiederum den Menschenrhythmus, der geheimnisvoll seelisch-geistig sich abspielt zwischen Lunge und Herz».

Danach sprach Rudolf Steiner über das alte Mysterienwort «Erkenne dich selbst!» und fuhr fort: «Wir aber müssen sagen, wenn wir aus den Zeichen der Zeit in der richtigen Weise erneuern dieses Wort: O Menschenseele, erkenne dich selbst in deinem wesenden Weben in Geist, Seele und Leib. (…) Dann können wir in unserem Seelen-Erfassen dem Welten-Dodekaeder das Menschen-Dodekaeder gegenüberstellen.

Und aus diesen drei Kräften: aus dem Geist der Höhe, aus der Christus-Kraft des Umkreises, aus der Vater-Wirksamkeit, der schöpferischen Vatertätigkeit, die aus den Tiefen strömt, wollen wir in diesem Augenblick in unseren Seelen den dodekaedrischen Grundstein formen, den wir in den Boden unserer Seelen senken, damit er da sei zum starken Zeichen in den kräftigen Gründen unseres Seelenseins und wir in der Zukunft des Wirkens der Anthroposophischen Gesellschaft auf diesem festen Grundstein stehen können. – Wollen wir uns immerdar bewusst bleiben dieses heute geformten Grundsteines für die Anthroposophische Gesellschaft.»

Und später beschreibt Rudolf Steiner diesen Grundstein als «dodekaedrisches, imaginatives Liebesgebilde», welches durch uns «in der entsprechenden Weise» zum Erstrahlen gebracht werden soll. «Dann wird er erglänzen, der Grundstein, vor unserem Seelenauge, jener Grundstein, der aus Welten-Menschenliebe seine Substanz, aus Welten-Menschenimagination seine Bildhaftigkeit, seine Gestaltung und aus Welten-Menschengedanken jenes Glanzeslicht hat, das uns in jedem Augenblicke, wenn wir uns an diesen Augenblick erinnern, mit warmem, aber unsere Tat, unser Denken, unser Fühlen, unser Wollen anspornendem Lichte entgegenstrahlen kann.»

Wer diese mitstenografierten Worte liest, die an jenem Morgen des 25. Dezember 1923 gesprochen wurden, fühlt, wie Rudolf Steiner nach umschreibenden Menschenworten sucht, die in der Lage sind auszudrücken, was ihm imaginativ-inspirativ vor seinem Geistesauge stand. Immer wieder taucht das Motiv auf, dass der Grundstein in erster Hinsicht eine Sache des

Herzens, des bewussten geistigen Erlebens, ist; dieses seelisch-geistige Erleben verdichtet sich dann zur Imagination des dodekaedrischen Liebessteins. Wir müssen diesen «Stein» immer wieder aufs Neue in unserem Herzen hervorbringen, sodass er *innerlich* sichtbar wird, ganz so wie Sir Galahad, der Ritter aus König Artus' Tafelrunde, der den Gral durch die Kraft der «Reinheit seines Herzens» für die ganze Gemeinschaft zur Erscheinung bringen konnte.

In den oben wiedergegebenen Anfangszeilen des zweiten Teiles ist die Rede vom Gebiet der Mitte. Das Leben im Herzens-Lungen-Schlage steht hier im Zentrum. Unser Herzrhythmus von im Durchschnitt 72 Schlägen ist die Widerspiegelung eines kosmischen Rhythmus. Der Mensch vollführt im Laufe eines Tages genauso viele Atemzüge wie die Anzahl der Jahre, die die Sonne braucht, um einen vollen Umgang durch den gesamten Tierkreis zu vollziehen (sogenanntes Platonisches Weltenjahr). Der Atmungsrhythmus verhält sich zu dem des Herzschlags wie 1 : 4 (in Ruhe); es stehen also durchschnittlich 72 Herzschläge 18 Atemzügen gegenüber. Verschiebungen in diesem Verhältnis sind typisch für gewisse Krankheitsbilder.

Wiederholt weist Rudolf Steiner in seiner Ansprache vom 25. Dezember auf das «wundervolle Geheimnis» hin, «das da webet zwischen Lunge und Herz». Was ist dieses Geheimnis? Das Herz ist das zentrale Sonnenorgan im Menschen, die Lungen sind das Merkurorgan. Das Geheimnis, das zwischen Herz und Lungen webt, liegt im Verhältnis der Sonnen- zu den Merkurkräften. Doch kosmische Kräfte sind immer Wesen. Das Verhältnis von Sonne und Merkur ist das Verhältnis zwischen Michael und Raphael. Michael und Raphael stehen sich im Jahreslauf immer gegenüber und reichen sich «die goldnen Eimer», von denen Goethe in seinem *Faust* spricht. Wirkt der eine «oben», im Denken, so wirkt der andere durch die Erde hindurch im Willen. Rudolf Steiner hat dieses Zusammenspiel in mächtigen Imaginationen beschrieben in seinen Vorträgen über die Jahreszeiten (GA 229).

Während der Regentschaftszeit Raphaels als Zeitgeist erlebten die Gralsritter seine Heilkraft noch als von oben kommend, als Geschenk des Himmels wirksam, symbolisiert durch die weiße Taube, die eine Oblate auf einen Stein legt. Es handelte sich dabei um ein Nachterlebnis, das sie zu Rittern des tröstenden und heilenden Wortes machen konnte. Die michaelische Unterströmung lebte damals im Mut, der benötigt wurde, um dieses Wort in die Welt hineinzutragen und notfalls zu verteidigen.

Im heutigen Michaelzeitalter muss das unmittelbar dem Herzen entströmende Wort des Trostes zum «Erkenntnismut» werden, indem der Wärme-Ätherstrom vom Herzen aus hinauf ins Denken strahlt und dieses spiritualisiert. Im Michaelzeitalter wird das Wollen zur sozial-heilenden Tat, wenn es von den Kräften des herzerwärmten Denkens durchglüht ist.

Dies kommt zum Ausdruck im Schlussteil des Grundsteinspruches:

Göttliches Licht,
Christus-Sonne,
Erwärme
Unsere Herzen,
Erleuchte
Unsere Häupter,

Dass gut werde,
Was wir
Aus Herzen gründen,
Was wir
Aus Häuptern
Zielvoll führen wollen.

Der dritte Teil des Grundsteinspruchs hebt an mit einem Aufruf an die Menschenseele, die im Haupte lebt:

Menschenseele!
Du lebest im ruhenden Haupte,
Das dir aus Ewigkeitsgründen
Die Weltgedanken erschließet.

Was sind «Ewigkeitsgründe»? Und was sind «Weltgedanken»?

Bei dem Wort «Weltgedanken» können wir uns auf die Ideenwelt des Plato besinnen. Nach Plato lebt der Mensch vor seiner Geburt in der (göttlichen) Welt der Ideen. Dort schaut er die Ideen – z.B. die Idee «Birke», die Idee «Eiche» in ihrem ursprünglichen Sein. In seinem Erdendasein begegnet er dann der Welt als irdischer Konkretisierung dieser Ideen: Er erkennt dadurch die Birke und die Eiche in ihrem Eigencharakter. Etwas hier auf Erden *verstehen* heißt für Plato eigentlich: *sich erinnern* an vorgeburtlich Geschautes. Hier auf Erden steht «hinter» der Erscheinung «Birke» die *Idee* «Birke», der Weltengedanke «Birke».

Nach der Auffassung des Aristoteles muss die Idee nicht hinter oder außerhalb der Erscheinung, sondern *in* ihr gesucht werden. Das ist ein gravierender Unterschied. Hier auf der Erde sind Idee und Erscheinung eine Einheit. Steht bei Plato die menschliche Entelechie (das Ich) «hinter» oder «außerhalb» des im Erdenleib verkörperten Menschen und dirigiert ihn wie von außen, so ist sie in der Anschauung des Aristoteles vielmehr die strebende Kraft, die *im* Menschen selbst wirksam ist.

In nachchristlicher Zeit steht das kirchliche Christentum im Zeichen einer einseitigen und verfärbten Auffassung des platonischen Gedankengutes. Ein Dualismus entsteht: die ewige Seele und das sündige Fleisch. Am Beginn der Neuzeit gießt Descartes diesen Dualismus in eine neue Form mit der Behauptung: intelligente Seele und materieller Leib sind zwei ganz getrennte Welten, die sich nie begegnen können und werden. Die intelligente Seele kann durch das Denken ergründet werden, der Leib ist eine Maschine, die über die physikalisch-materiellen Gesetze verstanden werden kann. Im 18. Jahrhundert schreibt der französische Arzt de La Mettrie sein Buch *Der Mensch eine Maschine*. Da ist nur noch der Leib als Maschine übrig geblieben – die Seele ist verschwunden.

In der Anthroposophie wird die platonische Geisteswelt der lebendigen Ideen als Realität anerkannt, doch gleichzeitig ist die aristotelische Einheit von Leib und Geist in neuer Form wiederhergestellt. Die Weltgedanken, von denen im dritten Teil des Grundsteinspruches die Rede ist, sind die schaffenden Gedanken der Hierarchien. Und Rudolf Steiner weist uns dabei auf Folgendes hin: Wenn die Geister der Form, die Exusiai, «denken», so sind diese Gedanken bis in die physische Materie hinein schaffend wirksam. Die «Weltgedanken» können also *in* der Schöpfung wiedergefunden werden, und unser «ruhendes Haupt» erschließt sie uns.

Es ist dann die Rede von «Ewigkeitsgründen». Worum handelt es sich da?

Das Wort «ewig» hat in der anthroposophischen Geisteswissenschaft eine ganz besondere Bedeutung. In seinen Vorträgen über die Polarität von Dauer und Entwicklung im Menschenleben (GA 184) geht Rudolf Steiner auf die Existenz zweier Welten ein. Zum einen ist da die gewöhnliche Welt, in der sich alles nacheinander, in Entwicklung vollzieht. Es ist die Welt des Leibes und der Seele, die Welt des Leiblich-Psychischen im Menschen. In ihr entwickelt der Mensch sich vom Kleinkind zum Schulkind, zum Jugendlichen, zum Erwachsenen und schließlich zum alten Menschen. Durchgemachte Erfahrungen metamorphosieren sich in die Gegenwart hinein und bereiten die Zukunft vor.

Daneben existiert eine zweite Welt: die Welt der Dauer. Wir können auch sagen: die der Ewigkeit. Es ist die Welt der höheren Hierarchien. In ihr herrscht kein *Nacheinander* sondern ein *Nebeneinander*. Wir haben es dort gleichsam mit verschiedenen geistigen Gebieten zu tun, die qualitativ unterschieden werden können. So repräsentieren die Wesen der höchsten Hierarchie, die Seraphim, die Qualität der Liebe.

Sie *sind* Liebe, sie durchdringen den Kosmos mit Liebe. Sie umgeben die Erde mit einem Mantel der Liebe. Diese Liebe ist *immerfort vorhanden*. Andere Qualitäten wären z.B. «Jugend» oder «Alter» – sie sind nicht als fortlaufende Phasen einer Entwicklung vorzustellen, sondern als nebeneinander existierende Qualitäten.

Wir werden auf diese Qualitäten noch näher eingehen im Rahmen der Betrachtung über die Hierarchien.

Der Mensch nimmt mit seinem geistig-seelischen Wesen teil an dieser Welt der Ewigkeit, während er mit seinem leiblich-psychischen Wesen der Welt der Zeit, der Entwicklung angehört. Deswegen taucht er mit seinem höheren, geistigen Ich nicht in die Welt des Zeitenstromes ein. Was wir hier auf Erden «Ich» nennen, ist im Grunde unser leiblich-psychisches Ich-Erleben, also eine Art Abschattung unseres höheren, geistigen Ich. Diesem Ich begegnen wir jede Nacht in der Welt der Dauer. Dort findet eine Art von Beurteilung durch unser höheres Ich statt, die wir in den Tag mit hineinnehmen. Beim Aufwachen kann dieses Erlebnis nachschwingen als positive oder negative Seelenstimmung gegenüber unserem irdischen, in die Welt der Zeit eingebundenen Streben. Bei einem Eingeweihten ist diese Verbindung von höherem und niederem Ich ständig gegeben. In diesem Sinne ist ein Eingeweihter ein Mensch, der geistig völlig «erwachsen» ist.

Nach dem Tode betreten wir wieder die Welt der höheren Hierarchien und damit die Welt der Ewigkeit.

An die dritte Anrufung der Menschenseele im Grundsteinspruch schließen sich die Worte an vom «ruhenden Haupt», das uns aus «Ewigkeitsgründen» die «Weltgedanken erschließet». Damit eröffnet sich uns ein ganzes Panorama. Denn im ruhenden Haupt ist die Ewigkeit, die Dauer wirksam; hier wirken die ewigen Gedanken der höheren Hierarchien. Wenn wir innerlich aktiv werden im Bereich dieses ruhenden Hauptes, können wir diese Ewigkeitsgedanken «abtasten» und uns bewusst machen. Wir bewegen uns denkend in der Welt der höchsten Weltengedanken, die bleibend, ewig sind. In der Welt der Cherubim zum Beispiel lernen wir die kosmischen Gesetze der Mathematik kennen.

Die höheren Hierarchien schenken den niedrigeren Hierarchien die immerwährende Möglichkeit, auf dem Wege über das Haupt und das Denken des Menschen in der Welt des Zeitlichen tätig zu sein. Während der Nacht dürfen wir der Wirklichkeit unseres höheren, geistigen Ich begegnen; während des Tages dürfen wir denkend die Weltengedanken aufnehmen und so an der Spiegelung des Daseinsbereiches der höheren Hierarchien Anteil haben. Aber der Mensch muss, wenn er dies erreichen will, selbst aktiv werden: im Üben des «Geist-Erschauens».

Der Aufruf zum Üben

Nach dem dreimaligen Anruf der Menschenseele erklingt im Grundsteinspruch dreimal der Aufruf: «Übe!»

Üben beinhaltet eine wiederholte Anstrengung, um ein Ziel zu erreichen. Inhalt und Art des Übens werden vom Ziel bestimmt.

Die drei Tätigkeiten des Übens, zu denen im Grundsteinspruch aufgerufen wird, sind das *Geist-Erinnern*, das *Geist-Besinnen* und das *Geist-Erschauen*.

Der erste Aufruf lautet: «Übe *Geist-Erinnern* in Seelentiefen.» Beim Geist-Erinnern geht es um mehr als beim gewöhnlichen Erinnern. Unser Normalbewusstsein ermöglicht uns den Zugang zu dem unserem Organismus einverwobenen Erinnerungsspiegel, an dem Bilder aus der persönlichen Vergangenheit abgelesen werden können. Beim Geist-Erinnern überschreitet der Mensch eine innere Schwelle, um bewusst Gebiete zu betreten, die normalerweise unbewusst bleiben. In dieser unbewussten Seelenwelt, den Seelentiefen, kommt der Mensch zur Begegnung mit den geistigen Hierarchien, die in den Lebensprozessen tätig sind und den makrokosmischen, göttlichen Schöpfungsprozess im mikrokosmischen Menschwerdungsprozess wiederholen. Da wird er, erwesend, zum Wesen: als Menschen-Ich im Gottes-Ich.

Der Übungsweg, der dahin führt, kann bei der Stärkung der gewöhnlichen Erinnerungskraft ansetzen. Die tägliche Rückschau auf den vergangenen Tag ist der erste Schritt. Außerdem kann man sich üben im objektiven Rückblicken auf das eigene Leben. So kann man z.B. versuchen, sich zu erinnern, wie man aussah, als man zehn Jahre alt war, was man damals tat, wie man lief, was man dachte usw. So kann man stufenweise immer weiter rückwärtsgehen, bis zu den allerfrühsten Erinnerungen. Da stößt man dann an eine Grenze, eine Schwelle, die sich nicht so ohne Weiteres überschreiten lässt. Doch gerade auf der anderen Seite dieser Schwelle beginnt das *Geist*-Erinnern. Damit betritt man ein Gebiet, das das Ziel der Einweihung in den alten ägyptischen Mysterien war: die Erinnerungsfähigkeit an ein vorgeburtliches Dasein bis hin zu früheren Leben. – Dies alles könnte man als das individuelle Geist-Erinnern bezeichnen.

Eine andere, noch umfassendere Form des Geist-Erinnerns ist das «Erinnern» des Werdeganges der Menschheit und des Kosmos. Die Weckung dieser Erinnerung verdanken wir Rudolf Steiners Schilderung einer Kosmogonie in großen, mächtigen Bildern: unser aller gemeinsame Geschichte im Zusammenhang mit den göttlichen Schöpferwesen. In der *Geheimwissenschaft im Umriss* wird dies dargestellt. Auch die alten Kulturen hatten ihre Kosmogonie. Wer sich in sie vertiefte, konnte ihre Bilder in sein noch traumhaftes Bilderbewusstsein aufnehmen. Doch diese wie träumend erlebten Bilder treten, außer in seelischen Ausnahmezuständen, heute so nicht mehr auf, und der moderne Mensch muss jetzt wach und bewusst seinen Ursprung suchen.

Auch in der Anthroposophie ist die Beschäftigung mit der Kosmogonie in der Form, wie sie von Rudolf Steiner beschrieben wird – das heißt: nicht in Bildern, die zum Traumbewusstsein sprechen, sondern in einer das wache, klare Denken ansprechenden Form –, ein wichtiger Schritt auf dem inneren Schulungsweg. Sie ist ein erster, vorbereitender Schritt auf dem Wege, der zum Überschreiten der Schwelle führt.

Das Üben des *Geist-Besinnens* ist eine ganz andere Aktivität. «Übe Geist-Besinnen im Seelengleichgewichte» – dies ist die eigentliche Aktivität der *Meditation*, der «besinnenden» Beschäftigung mit einem Inhalt. In der Meditation lebt ein

Wort, ein Satz, ein Bild, eine Melodie vollbewusst in uns. Im Seelengleichgewicht sind Denken, Fühlen und Wollen nicht etwa ausgeschaltet, sondern äußerst aktiv und dabei doch in Ruhe. Das Seelengleichgewicht macht es möglich, dass die Welt zu mir sprechen kann, dass ein Bild, ein Gedanke, eine Melodie mir ihr Wesen offenbaren können.

Bei jedem Gleichgewicht entsteht eine labile Situation. Es kann in jedem Moment durchbrochen werden. Das geschieht auch tatsächlich während der Meditation, aber es geht darum, den «Durchgangspunkt», in dem das Gleichgewicht einen Augenblick lang hergestellt ist, geistesgegenwärtig zu ergreifen und den Blitz der Inspiration nicht verloren gehen zu lassen. Dann, während solcher Gleichgewichtsmomente, können «die wogenden Welten-Werde-Taten das eigne Ich dem Welten-Ich vereinen».

Diese Augenblicke der Vereinigung sind die Gnadengeschenke der Meditation. Man würde sie am liebsten festhalten wollen, um länger darin zu ruhen, doch das Wesen der rhythmisch-wogenden Welten-Werde-Taten besteht ja gerade darin, dass jeder Stillstand ihnen fremd ist. Geist-Besinnen heißt: innere Ruhe in einer Situation des Gleichgewichts bei gleichzeitiger Geistesgegenwart. Auch ohne Meditation haben wir jeden Tag Tausende solcher Inspirationseinschläge, aber wir gehen an ihnen vorbei.

Es ist vielleicht hilfreich, hier den Rat zu erwähnen, den Rudolf Steiner einmal einer Gruppe junger Leute gab, die zusammen anthroposophisch arbeiten wollten. Auf ihre Frage, was sie denn eigentlich tun sollten, antwortete er: «Halten Sie vor allem keine Vorträge, erzählen Sie sich Ihre geistigen Erfahrungen.» Und als die jungen Leute erschrocken antworteten, dass sie doch noch keinerlei geistige Erfahrungen hätten, antwortete Rudolf Steiner: «Jawohl, Sie haben jeden Augenblick geistige Erfahrungen, Sie verschlafen sie nur …».

Das Üben des Geist-Besinnens ist das Erwachen aus dem Schlaf, der unsere geistigen Erfahrungen zudeckt. Dieses Erwachen ist vorläufig noch kein kontinuierlicher Zustand, sondern ein immer wieder auftretender blitzartiger Einschlag, den wir wahrnehmen lernen müssen.

Als dritter Aufruf erklingt: «Übe *Geist-Erschauen* in Gedanken-Ruhe». Dieses Geist-Erschauen hat imaginativen Charakter (gegenüber dem inspirativen Charakter des Geist-Besinnens und dem intuitiven des Geist-Erinnerns).

Sein Ziel ist das «wahrhaft Denken». Aber gerade hier erleben wir, wie stark Erinnern, Erleben und Schauen miteinander zusammenhängen und voneinander abhängen. Die Bilder aus der Vergangenheit führen uns in die Welt des schaffenden Vatergottes, in der wir «wahrhaft leben». Die Erlebnisse der Meditation verbinden uns mit den Wirkungen des Christuswesens, welches uns erst «wahrhaft Fühlen» lehrt. Die Gedanken des Geist-Erschauens verleihen uns die Sicherheit, als Menschen im Sinne der ewigen Götterziele zu handeln. Ohne Geist-Erschauen wandeln wir im Ungewissen.

Ein großes Hindernis für das Geist-Erschauen ist die erwartungsmäßige Voraussetzung, dass irgendetwas Bestimmtes auftreten müsse. Wiederholt hat Rudolf Steiner in immer wieder neuen Formulierungen vor der Erwartung gewarnt, dass irgendwann, nach fleißigem Üben, plötzlich ein Vorhang aufginge und die geistige Welt wie ein Film auf der Leinwand sichtbar würde. Geist-Erschauen tritt in erster Linie als ein Einfall auf, aber unendlich viel schwächer als ein Erinnerungsbild oder eine gedankliche Schlussfolgerung. Auch hier geht es wieder um die Geistesgegenwart (im ganz wörtlichen Sinn), also um die Aktivität, die den «Einfall» erkennt und so festhält, dass er nicht wieder entwischt. Außerdem ist es wichtig, solche Eingebungen nicht allzu schnell intellektuell festzulegen. Man bewahre sie wie kostbare

Kleinodien und versuche sie so rein wie möglich in der Erinnerung leben zu lassen.

Geist-Erinnern, Geist-Besinnen und Geist-Erschauen sind Aspekte jener zentralen Aufgabe der Freien Hochschule für Geisteswissenschaft: der Forschung auf geistigem Gebiet. Jeder Anthroposoph, der den freien Entschluss fasst, Schüler dieser Freien Hochschule zu werden, hat die Aufgabe, an dieser Forschung mitzuwirken. So wie die Zulassung zu einer Hochschule bestimmte Bedingungen hinsichtlich der erforderlichen Vorbildung beinhaltet, so ist auch hier ein gewisser Entwicklungsstand auf anthroposophischem Gebiet erforderlich.

Für die Mitgliedschaft in der Allgemeinen Anthroposophischen Gesellschaft genügt ein bestimmtes Interesse, beim Eintritt in die Freie Hochschule für Geisteswissenschaft nimmt man Verantwortungen auf sich. Zu diesen gehört unter anderen die aktive Teilnahme an der Forschung auf geistigem Gebiet in der oben dargestellten intimen Art, die jedem möglich ist.

Die Weihnachtstagung 1923, während derer die neue Anthroposophische Gesellschaft und die Freie Hochschule für Geisteswissenschaft begründet wurden, wurde eröffnet mit dem Aussprechen des Grundsteinspruchs, dem Grundstein, der in die Herzen der Mitglieder gelegt wurde. Die Grundsteinmeditation mit ihrem Aufruf zum dreifachen Üben von Geist-Erinnern, Geist-Besinnen und Geist-Erschauen, sie ist das Vorportal der neuen Mysterien, die in der Freien Hochschule für Geisteswissenschaft ihre erste Ausprägung finden sollen. Jenes dreifache Üben kann als die propädeutische Stufe der Freien Hochschule für Geisteswissenschaft aufgefasst werden.

Der dreigliedrige Mensch als kosmische Wirklichkeit

Die erste Übung führt uns über das eigene Wesen in das Gebiet der Weltenschöpferkräfte:

> Übe *Geist-Erinnern*
> In Seelentiefen,
> Wo in waltendem
> Weltenschöpfer-Sein
> Das eigne Ich
> Im Gottes-Ich
> Erweset;
> Und du wirst wahrhaft *leben*
> Im Menschen-Welten-Wesen.

«In Seelentiefen»: Hier wird auf den Seelenbereich hingewiesen, der mit den Kräften des Willens und des Stoffwechsels verbunden ist. Es ist der «schlafende» Teil der Seele, der in einem engen Verhältnis zu den Lebenskräften steht. Wenn der Mensch die Schwelle überschreitet und bewusst die Welt der Organkräfte im Stoffwechselgebiet betritt, so trifft er dort zuerst einmal auf furchterregende Mächte, die sich jedoch in einem nächsten Stadium als Wesen der höheren Hierarchien offenbaren können – die Wesen des «waltenden Weltenschöpfer-Seins».

In dieser hierarchischen Welt des waltenden Weltenschöpfer-Seins wird das eigne Ich zu einem «Wesen», d.h. es bleibt nicht nur eine Vorstellung, ein Wort oder ein vages Erlebnis, sondern es wird wesenhaft.

Das eigne Ich wird im Gottes-Ich zum Wesen; in der Sprache des Grundsteinspruches: es «erweset». Das Gottes-Ich wird in der zweiten Strophe dieses ersten Teiles als der «Vater-Geist der Höhen» angesprochen. In dieser Vaterwelt sind die Wesen der ersten Hierarchie gleichsam Diener. In ihr Dienen fließen ihre Qualitäten von Liebe, Harmonie und Willensfeuer ein. In dieser Vaterwelt liegt das Fundament allen geistigen Seins; dort erweset unser höheres, wahres Ich.

Wenn unser Ich zum Wesen geworden ist, dann können wir wahrhaft leben im «Menschen-Welten-Wesen». Während der Grundsteinlegung am 25. Dezember 1923 sprach Rudolf Steiner mehrere Male über den «dodekaedrischen Liebesstein», der seine Substanz aus Welten-Menschenliebe, seine Bildhaftigkeit aus Welten-Menschenimagination und seine Gestaltung aus Welten-Menschengedanken hat. Diese drei Kräfte: Weltenliebe, Weltenimagination und Weltengedanken, sie verleihen dem Menschen die Kraft, als individueller Ich-Mensch im Welten-Menschen an einer Welten-Zukunft zu arbeiten. Erst dann leben wir wahrhaft im Menschen-Welten-Wesen.

Mit der zweiten Übung betreten wir ein Gebiet, wo sich Menschenseele und Weltentaten im Fühlen vereinigen:

Übe *Geist-Besinnen*
Im Seelengleichgewichte,
Wo die wogenden
Welten-Werde-Taten
Das eigne Ich
Dem Welten-Ich
Vereinen;
Und du wirst wahrhaft *fühlen*
Im Menschen-Seelen-Wirken.

Die meditative Übung des Geist-Besinnens findet statt im Seelen-Gleichgewicht, in dem Gleichgewicht zwischen Vergangenheit und Zukunft, zwischen Kosmos und Mensch. Im Seelen-Gleichgewicht vereinen die wogenden Welten-Werde-Taten das eigne Ich mit dem Welten-Ich, dem Christuswesen.

Wie die Vaterkräfte die Welt der *Dauer* und des *Seins* konstituieren, so trägt die Christus-Kraft, das Welten-Ich, die Welt der *Entwicklung*, der Zeit. Die Seele muss im Entwicklungsstrom der Zeit einen Moment des Besinnens herstellen. Das kann nur im Seelen-Gleichgewicht geschehen.

Der Mensch wird aus den bildgestaltenden Kräften der Mondensphäre heraus geboren. Diese ätherischen Bildekräfte verbinden sich mit dem menschlichen Keim und wirken, neben den Kräften der Vererbung, an der Embryonalentwicklung des Menschen mit. Danach bilden sie den individuellen Ätherleib des Menschen. Dieser Ätherleib ist nicht nur der Mittler zwischen dem Seelisch-Geistigen und dem Leiblichen des Menschen, er vermittelt auch zwischen dem Menschen und seiner sozialen Umwelt. Das äußert sich in unserem Temperament.

Die von unserem alten Vergangenheitskarma geprägten bildgestaltenden Mondenkräfte tragen uns ins Leben hinein und helfen uns, unser Karma zu verwirklichen. Sie sind bis ins 27., 28. Jahr hinein wirksam und versiegen dann. Anders ausgedrückt: Unser altes Mondenkarma wirkt, inkarnierend, bis ungefähr zum 28. Lebensjahr. Wenn danach nichts Neues kommt, kann der Mensch nur immer wiederholen, was er sich aus früheren Leben mitgebracht hat. Das führt zu einem allmählichen Austrocknen der Menschlichkeit und zur Reduktion menschlicher Aktivität auf ein reines Handeln aus Konvention, Phrase und Routine, drei Faktoren, die die Kultur des 20. Jahrhunderts bedrohen.

Nur dann kann etwas Neues entstehen, wenn eine Kraft eingreift, die den angeborenen, mitgebrachten Talenten etwas hinzuzufügen vermag, sodass schließlich, am Ende des Lebens, ein Zugewinn, ein Mehr, entstanden ist. Dies kann nur vom Ich geleistet werden, da wo es sich mit den Sonnenkräften, die aller Entwicklung zugrunde liegen, verbindet. Dann entsteht neben dem alten Mondenkarma, das uns in die Welt hineingestellt und auf den Weg gebracht hat, das neue Sonnenkarma, welches wir selbst, aus der Verbindung mit der Christuskraft, hinzufügen. Wir können dies in einem Bild ausdrücken: Der Mensch wird durch das Tor des Mondes geboren, und er stirbt durch das Tor der Sonne.

Dieses Zukunftskarma, dieses Sonnenkarma, wird zum ersten Mal im Neuen Testament im 9. Kapitel des Johannesevangeliums erwähnt. Ein Blindgeborener sitzt am Rande des Weges und bettelt. Die Jünger fragen Jesus: «Rabbi, wer hat gesündigt, er selbst oder seine Eltern, dass er blind geboren ist?» – Eine solche Frage nach den eigenen Sünden eines Blindgeborenen ergibt nur dann einen Sinn, wenn man von der Möglichkeit überzeugt ist, dass es Wirkungen alten Karmas geben kann. Jesus antwortete: «Weder er hat gesündigt, noch seine Eltern, sondern die Werke Gottes sollen an ihm offenbar werden.» Was ist damit gemeint? Es wird hier auf das *Zukunftskarma* des Menschen hingewiesen. Es geschieht jetzt etwas – in diesem Fall: jemand wird blind geboren –, damit später die Begegnung mit dem Christus stattfinden kann. Hier entsteht neues, von Christus selbst inauguriertes Sonnenkarma – Karma, das nicht in die Vergangenheit zurück, sondern in die Zukunft weist.

Seit Christus auf die Erde gekommen ist, wirkt Sonnenkarma in der Menschheit. Mondenkarma ist immer auf uns selbst bezogen, auf unsere persönlichen Inkarnationsbedingungen und das Finden unseres karmischen Ortes im sozialen Lebensbereich. Das Sonnenkarma als Christuskarma orientiert sich auf unsere Mitmenschen hin. Es wird gebildet und vollzieht sich, auf dass Mitmenschen in *ihrer* Entwicklung, in *ihrem* Leben im Zeitenstrom Hilfe erfahren. Es ist ein soziales, von der Kraft der Liebe getragenes Karma.

Und so ist es nicht verwunderlich, dass das ganze 9. Kapitel des Johannesevangeliums den sozialen Auswirkungen der Heilung des Blindgeborenen gewidmet ist, während die Beschreibung des eigentlichen Wunders nur einen Abschnitt umfasst. Die Pharisäer verurteilen Jesus, weil er am Sabbat geheilt hat. Andere zweifeln, ob dies als Sünde zu gelten hat. Die Eltern des Blindgeborenen werden hinzugeholt, doch sie wagen nicht, etwas zu sagen, aus Angst, ausgestoßen zu werden. Schließlich wird der Geheilte selbst aus dem Tempel geworfen, denn die Pharisäer müssen, als Priester des alten Gesetzes, des alten Karma, das neue Sonnenkarma hassen. Jesus spricht schließlich folgende Worte: «Ich bin in die Welt gekommen, um eine Entscheidung herbeizuführen. Nun sollen die Blinden sehend werden und die Sehenden blind.»

Das Üben des Geist-Besinnens im Seelengleichgewicht bedeutet, dass das zur jeweiligen Lebensphase gehörende Gleichgewicht gefunden werden muss, das rechte Gleichgewicht zwischen altem und neuem, Monden- und Sonnenkarma. Gelingt dies, so können von diesem Seelen-Gleichgewicht aus «die wogenden Welten-Werde-Taten das eigne Ich dem Welten-Ich vereinen». Auch hier wird wieder das «Welten-Menschen-Ich» angesprochen, jetzt aber in seiner Entwicklung im Zeitenlauf. Welten-Werde-Taten, zum Beispiel die Entwicklungsphasen unserer nachatlantischen Kultur, vollziehen sich. Wir leben heute im Zeitalter der Bewusstseinsseele. Unser Ich muss seine eigene Entwicklung in diese allgemeine Entwicklung, die sich vollzieht und der wir unterliegen, eingliedern und sich mit ihr vereinen. Gelingt das, so wird man «wahrhaft *fühlen* im Menschen-Seelen-Wirken».

Wahrhaft fühlen werden wir nur da, wo wir an dem Ringen

um den Schritt teilnehmen, der von der Verstandesseele zur Bewusstseinsseele führt. Dies ist der wahre, eigentliche Seelenkampf. Alle anderen Kämpfe sind Ablenkungsmanöver der Gegenmächte. Und der Ausgang dieses Kampfes wird davon abhängen, ob wir uns mit dem Christus verbinden oder nicht. Denn – um eine Entscheidung herbeizuführen, ist Er in die Welt gekommen.

Die dritte Übung bringt uns in Berührung mit den höchsten Zielen der Weltentwicklung:

> Übe Geist-*Erschauen*
> In Gedanken-Ruhe,
> Wo die ewigen Götterziele
> Welten-Wesens-Licht
> Dem eignen Ich
> Zu freiem Wollen
> Schenken;
> Und du wirst wahrhaft *denken*
> In Menschen-Geistes-Gründen.

Nach dem Geist-Erschauen streben in der heutigen Zeit sehr viele: am liebsten auf dem schnellsten Wege! Dabei wird Gedanken-Ruhe jedoch recht schnell zur Gedanken-Leere. Und das ist nicht dasselbe!

Das Üben der *Gedankenleere* wird häufig auch als «Meditation» bezeichnet. Da werden u.a. automatisch bestimmte Worte wiederholt – eine gute Methode, rasch zu exkarnieren und zu allerlei Lichterlebnissen zu gelangen. Oft sind diese aber chaotisch und unkontrollierbar.

Gedankenruhe dagegen bedeutet: das Ruhen in einem bestimmten Gedankengang, der klar und deutlich vor uns steht, unter Ausschluss aller anderen Gedanken, die sich dabei einstellen wollen. Für den heutigen Menschen ist das besonders schwer. Denn meistens beginnen in dem Moment, da man einen bestimmten Gedanken konzentriert zu denken versucht, alle möglichen Gedanken wie weiße Mäuse in einem Käfig durch den Kopf zu rennen. Das ist anders, wenn dieser Gedanke ein Glied eines Gedanken*ganges* ist, wo verschiedene Gedanken in einem überschaubaren Zusammenhang miteinander stehen. Dann reihen sich die Gedanken in Ordnung und Regelmaß aneinander. Man ist jetzt mit seinem vollen Bewusstsein dabei.

Eine Übung zur Erlangung von Gedankenruhe ist die folgende: Man denkt die Bedeutung eines Begriffes zuerst einmal in einem geordneten Gedankengang durch und versucht dann, den ganzen Gedankengang zu einem einzigen Bild, einem Tableau, zusammenzufügen, das man seinem inneren Zusammenhang nach vor dem geistigen Auge aufbaut. Die Kraft, die dadurch hervorgerufen wird, ist eine Vorbedingung für das Erleben der ewigen Götterziele, d.h. der Ziele, die in der Welt der Dauer immerdar vorhanden waren, sind und sein werden. Und dieser Welt entstammt auch das Welten-Wesens-Licht, das uns zu freiem Wollen geschenkt wird, einem Wollen also, das frei von Temperament, Begierde, Trieb und Instinkt ist. Diese Freiheit kann nur da entstehen, wo alles, was sich uns aus der Welt der Dauer mitteilt, gleichzeitig auch der Wille unseres *höheren* Ich ist, welches während unserer Verkörperung in dieser Welt zurückbleibt und von dort aus die Entwicklung der Seele in der Welt des Zeitlichen begleitet. Jede Nacht kommt es in Berührung mit den Früchten des vergangenen Tages.

Mit der irdischen Seelenentwicklung durch die verschiedenen Lebensphasen entwickelt sich auch der Wille: durch leibliche Impulse, durch die Sinneseindrücke, die soziale Einbindung in die Umgebung. Dieser Wille ist unfrei. Wenn er in unserem Denken wirkt, so steht dieses Denken im Dienst der Außenwelt und nicht des Geistes.

Wenn sich der Wille von unserem eigenen, höheren Ich

impulsieren lässt, so kann sich unser Denken dem öffnen, was die Hierarchien in ihm offenbaren wollen. Dann steht unser Denken im Dienste des «heiligen Geistes». Daran schließt sich die zweite Strophe dieses dritten Teiles des Grundsteinspruches an, auf die wir später noch eingehen werden.

Vater, Sohn und Geist und die Hierachien

Die drei ersten großen Teile des Grundsteinspruches, in denen die Menschenseele dreifach zum Üben aufgerufen wird, haben jeweils zwei Strophen. Die erste Strophe geht stets von der im Irdischen lebenden Seele des Menschen aus. Die zweite Strophe dagegen gibt jeweils die kosmische Konkordanz zu dem wieder, was wir als Erdenmenschen im Hier und Jetzt als die drei Seelenaspekte erleben. Hier wird unser Blick auf die drei himmlischen Hierarchien gelenkt.

Rudolf Steiner hat diese Hierarchien während der Weihnachtstagung, wo er den Grundsteinspruch an jedem Tag sprach, auf verschiedene Weise angerufen. Während der Schlussansprache zur Weihnachtstagung, am 1. Januar 1924, gebrauchte er die traditionellen Namen; während der eigentlichen Grundsteinlegung am 25. Dezember 1923 verwendet er zusammenfassende, neue Benennungen – jede der aus jeweils drei Arten von Wesen bestehenden Gruppen erhält da *einen* Namen. In dieser Fassung wurde der Spruch später im *Mitteilungsblatt* der Anthroposophischen Gesellschaft gedruckt.

In den Wirkungen der drei Hierarchien leuchten die drei Aspekte der Trinität von Vater, Sohn und Geist auf.

In der betreffenden Strophe des ersten Teiles steht die erste Hierarchie im Mittelpunkt:

Ihr Kräfte-Geister (Seraphim, Cherubim, Throne).

Sie repräsentieren Aspekte der Vater-Gott-Wirkungen, der Schöpfung aus den Qualitäten der Dauer, die in der Welt das Sein erzeugen.

Im zweiten Teil wird die zweite Hierarchie angesprochen:

Ihr Lichtes-Geister (Kyriotetes, Dynamis, Exusiai).

Sie schenken uns die Qualität des Sohnes-Gottes, d.h. der Entwicklung im Zeitenstrom: vom Geborenwerden aus der Geisteswelt zu Tod und Auferstehung «in Christo».

Im dritten Teil wird die dritte Hierarchie angesprochen:

Ihr Seelen-Geister (Archai, Archangeloi, Angeloi).

Sie schenken die Kraft, die dies alles unserem Bewusstsein nahebringt und uns so die Schöpfung in ihrem Sein offenbart. In dieser Sphäre lebt die «Sophia», die heilige Weisheit, im Gegensatz zur profanen Weisheit des irdischen Menschen.

In Beziehung zur Anrufung der drei Hierarchien steht der sogenannte Rosenkreuzerspruch, der von Rudolf Steiner in den Grundstein mit aufgenommen wurde. Auch hier gibt es zwei Fassungen: die alte lateinische Form und die durch Rudolf Steiner erneuerte. Die lateinische Fassung erklang nur am 29. Dezember 1923 und am 1. Januar 1924. Die erneuerte Form wurde später als die definitive gedruckt.

Christian Rosenkreuz holte durch diesen Spruch die Trinität aus ihrer bis dahin unerreichbaren Ferne – selbst Alanus ab Insulis vermochte nicht, über sie etwas auszusagen – näher heran durch die Worte:

Ex Deo nascimur
In Christo morimur
Per spiritum sanctum reviviscimus.

Dieser lateinische Spruch musste für unsere Zeit neu gefasst werden. Rudolf Steiner leistete die Neuschöpfung dieses Spruches aus dem Geist des 20. Jahrhunderts in der deutschen Sprache. Später, in einem anderen Zusammenhang, prägt Rudolf Steiner diese Worte nochmals in eine andere Form.

Im Grundstein erklingt der Spruch folgendermaßen:

Ex Deo nascimur
Aus dem Göttlichen weset die Menschheit.

In Christo morimur
In dem Christus wird Leben der Tod.

Per spiritum sanctum reviviscimus
In des Geistes Weltgedanken erwachet die Seele.

Wird in der alten Fassung die Menschwerdung aus dem Vorgeburtlichen beschrieben, als Geburt aus dem Vater, als Sterben in Christus und als Auferstehung durch den Geist, so beschreibt die neue Gestalt des Spruches den Menschen in seinem Menschsein auf Erden: aus dem Göttlichen «sind» wir (Steiner prägt hier das Verb «wesen»), in Christus wird Leben all dasjenige, worin die Kräfte des Todes walten, durch den Geist erwacht die Seele. Alles spielt sich zwischen Geburt und Tod ab. Der Grundstein ist der «Stein» für unser tägliches Leben!

Kräfte-Geister, Lichtes-Geister und Seelen-Geister

Wir wollen nun die zweite Strophe jedes der drei Teile des Grundsteinspruches genauer betrachten. Wir beginnen mit der des ersten Teiles:

Denn es waltet der Vater-Geist der Höhen
In den Weltentiefen Sein-erzeugend:
Ihr Kräfte-Geister
(Seraphim, Cherubim, Throne)
Lasset aus den Höhen erklingen,
Was in den Tiefen das Echo findet.
Dieses spricht:
Aus dem Göttlichen weset die Menschheit.
(Ex Deo nascimur)
Das hören die Geister in Ost, West, Nord, Süd:
Menschen mögen es hören.

Der Vatergeist der Höhen thront für den unbefangenen Glauben «über den Wolken», weit weg und unerreichbar, doch alles übersehend. Mittelalterliche Darstellungen geben dies im Bilde des alles überschauenden ewigen Auges im Dreieck wieder. Diesem allsehenden Vater begegnen wir in seinen Werken, in den Weltentiefen des von ihm erschaffenen irdischen Seins, in den Kristallen und amorphen Schichten, im festen Gestein und in der flüssigen Lava, in Quellen, Bächen, Flüssen und Ozeanen.

Die Qualität der hohen Wesen der ersten Hierarchie klingt uns aus ihren deutschen Namen entgegen:

Die *Seraphim* sind die «Geister der Liebe», sie sind die

allerhöchsten Wesen, die wir Menschen erfassen können. Sie *sind* ganz Liebe, und sie repräsentieren diese Qualität in der Welt der Dauer. Überall, wo Liebe aufblüht und lebt, sind sie es, die uns diese Qualität schenken – aus der Welt der Dauer in die Welt des Zeitlichen hinein. Die Trinität selbst – Vater, Sohn und Geist – entzieht sich der unmittelbaren Erfassung durch den Menschen. Sie kann nur über ihre Wirkungen, über die Hierarchien, erkannt werden. So ist jeder Stein im Grunde verdichtete Liebe, verdichtete Harmonie, verdichteter Wille.

Die *Cherubim* sind die «Geister der Harmonie». Ihre Wirkungen finden sich überall im Kosmos, in den Gestalten und Winkelverhältnissen der Kristalle, in der verborgenen Mathematik, die das Weltall durchzieht, in den Zahlenbeziehungen der Töne und Intervalle, in den Gleichgewichtsverhältnissen des Kosmos, die uns die Astronomie offenbart. So ist das Urbild des Grundsteines der Pentagon-Dodekaeder, jener regelmäßige, aus zwölf Fünfeckflächen aufgebaute Körper. Dieses Gebilde ist eine unmittelbare Offenbarung der Cherubim, oder, um es etwas irdischer auszudrücken, die «Visitenkarte» der Cherubim. Die halten wir irdisch Sterblichen in der Hand, wenn wir einen Pyritkristall aufheben!

Die *Throne* sind die «Geister des Willensfeuers». Überall, wo ein Streichholz aufflammt, sind Throne-Wirkungen im Spiel! Die Opferflamme auf den Altären der alten Mysterien wollte die Menschen mit dem Urbeginn der Schöpfung auf dem «alten Saturn» in Verbindung bringen, wo die Throne sich opferten, indem sie in einem Ur-Feuer für die Erden- und Menschheitsentwicklung entflammten. Die Qualität der Throne ist das Feuer der Opferbegeisterung.

Diese drei Qualitäten werden im Grundstein angerufen, um uns das Wesen des Vaters zum Erlebnis zu bringen. Der Vater-Gott der Höhen waltet mittels dieser drei Qualitäten in den Weltentiefen, «Sein-erzeugend». Zusammen werden sie angerufen mit den Worten: «Ihr Kräfte-Geister», und wir können jetzt wissen: Eine Kraft ist keine anonym-berechenbare Erscheinung, sondern ist Opfer, gesetzmäßig-berechenbare Harmonie und Liebe zur Menschheit.

Sie rufen uns zu: «Aus dem Göttlichen weset die Menschheit.»

Diejenigen Hierarchien, die sich am tiefsten mit dem Stofflichen verbinden, sind die allerhöchsten, Sicherheit erzeugenden – auf die Naturgesetze können wir bauen. Die Materie lieben heißt: den Seraphim danken.

Die zweite Strophe des zweiten Teils lautet folgendermaßen:

> Denn es waltet der Christus-Wille im Umkreis
> In den Weltenrhythmen Seelen-begnadend:
> Ihr Lichtes-Geister,
>   (Kyriotetes, Dynamis, Exusiai)
> Lasset vom Osten befeuern,
> Was durch den Westen sich formet.
> Dieses spricht:
> In dem Christus wird Leben der Tod.
>   (In Christo morimur)
> Das hören die Geister in Ost, West, Nord, Süd:
> Menschen mögen es hören.

In den Weltenrhythmen wirkt der Christus-Wille. Und es ist die zweite Hierarchie von Kyriotetes, Dynamis und Exusiai, die sich uns durch diese Weltenrhythmen aus allen Himmelsrichtungen offenbart.

Wir wollen uns zunächst mit dieser zweiten Hierarchie beschäftigen.

Die *Kyriotetes* sind die «Geister der Weisheit»; die *Dynamis* sind die «Geister der Bewegung». Man könnte sie auch die «Geister des Rhythmus» nennen, denn alle kosmische Bewegung ist Rhythmus. Die *Exusiai* schließlich sind die «Geister der Form», die Architekten des Schöpfungswillens der zweiten Hierarchie.

Will man versuchen, sich die Qualität der zweiten Hierarchie zum Erlebnis zu bringen, so kann man dies tun, indem man die drei Qualitäten Weisheit, Bewegung und Form in verschiedener Verbindung durch die Seele ziehen lässt:

> weisheitsvoll bewegte Form,
> geformte weisheitsvolle Bewegung,
> bewegte zur Form gelangte Weisheit,
> weisheitsvoll geformte Bewegung
> usw.

Über alle verschiedenartigen Aspekte der Wirkungen der zweiten Hierarchie dominiert die Qualität der Weisheit, die Form und Bewegung durchdringt. Und wenn im Grundsteinspruch die gesamte zweite Hierarchie mit den Worten «ihr Lichtes-Geister» angesprochen wird, so wird ein Akzent auf den Licht-Aspekt dieser waltenden Weisheit gelegt.

Am Beginn der alten Sonnenstufe der Erdenevolution, nachdem der Wärmekosmos des alten Saturn seine Entwicklungsmöglichkeiten erschöpft hatte und die nächste Entwicklungsphase ganz neu aus dem Kosmos herausgeboren werden sollte, schenkten die Geister der Weisheit (Kyriotetes) ihre Weisheitssubstanz dem neuen, werdenden Kosmos. Sie durchdrangen ihn mit ihrer Weisheit. Die Weisheit durchstrahlte den Kosmos bis an seine Grenzen und strahlte zurück als Licht. Der zuvor finstere, warme Kosmos leuchtete auf in Weisheit.

Eine der ersten Meditationen, die Rudolf Steiner den Mitgliedern gab, war die folgende:

> Weisheit lebt im Lichte.

In seinem Buch *Der Grundstein* unterscheidet Willem Zeylmans van Emmichoven fünf Lichtqualitäten, die im vierten und letzten Teil des Grundsteinspruches gefunden werden können. Wir werden später auf diesen vierten Teil eingehen, doch es darf bereits hier erwähnt werden, dass in diesem zweiten Teil des Grundsteins die «Ur-Lichtqualität» der zweiten Hierarchie angesprochen wird, die sich im Laufe späterer Entwicklungen in einzelne Teil-Qualitäten differenziert.

Diese Ur-Lichtqualität nun waltet auf der Erde im Rhythmus der Ost-West-Bewegung des Sonnenlichtes. Doch auch die andere Seite des Lichtes, der Weisheitsaspekt, bewegt sich von Ost nach West. Der alte Spruch «Ex oriente lux» – «das Licht kommt aus dem Osten» – weist nicht etwa auf die aufgehende Morgensonne, sondern auf die Weisheit der alten Mysterien der ersten nachatlantischen Kulturepochen hin, die die Grundlage der europäischen Kultur bilden.

Heute jedoch muss diese Weisheit aus der westlichen Naturwissenschaft heraus eine neue Form empfangen, die sich in einer Kultur der Bewusstseinsseele zu behaupten vermag. Aus dem Westen muss die Formkraft der Exusiai, der Geister der Form, kommen, sodass eine geformte Weisheit (im Gegensatz zur «schwebenden» Weisheit) und weisheitsvolle Formen entstehen können.

In der Mitte, in Europa, können Weisheit und Form dann durch die Geister des Rhythmus und der Bewegung, die Dynamis, im lebendigen Zeitenstrom verbunden werden. Das Umgehenlernen mit dem *lebendigen Zeitenstrom* ist die Aufgabe der Mitte. Die Wirkung dieses lebendigen Zeitenstromes wird zu Beginn dieses zweiten Teiles angesprochen:

> Denn es waltet der Christus-Wille im Umkreis
> In den Weltenrhythmen Seelen-begnadend.

In einem Gespräch mit einem alten Mitglied soll Rudolf Steiner einmal geäußert haben, Christus verberge sich hinter den Dynamis. «Hinter» den Dynamis, sie gnadevoll impulsierend, waltet Christus im Entwicklungsgang der Menschheit. In den Weltenrhythmen, das heißt in dem Wirkungsgebiet der Geister der Rhythmen, waltet Christus in unserem individuellen Entwicklungsgang, seelenbegnadend.

Die Weltenrhythmen des Umkreises, wie sie sich im Rhythmus von Tag und Nacht, Frühling, Sommer, Herbst und Winter offenbaren, sie sind eine *Gnade* für unser Seelenleben! Gnadevoll mag die Nacht einen Tag für uns vielleicht schmerzvoller Erfahrungen beschließen, um uns mit neuer, nachtempfangener Hoffnung erwachen zu lassen. Die naturhingegebene Sommer-Freude wechselt mit dem Winter-Ernst unseres Inneren ab. Der Frühlings-Auferstehung steht das Herbstes-Geisterwachen gegenüber.

Lange kann man sich mit diesem zentralen Abschnitt des Grundsteinspruches beschäftigen: *Christus waltet Seelenbegnadend in den Rhythmen der Umgebung, innerhalb derer wir unseren Erdenweg gehen dürfen.* Jeden Tag erwachen wir aufs Neue voller Dankbarkeit für diese Rhythmen, in die wir hineingestellt sind. Mitten im Alltag, im größten Trubel, wenn sich uns alles im Kopf dreht, können wir plötzlich den ruhigen Atem der Christusgnade finden. Unser Herz schlägt wieder im kosmischen Rhythmus des platonischen Sonnenjahres; wir sind wieder wir selbst. Wir haben uns selbst wiedergefunden im atmenden Lauf unserer Biografie.

So kann uns immer deutlicher erlebbar werden, was Willem Zeylmans van Emmichoven mit dem Titel eines seiner Bücher sagen wollte: Christus ist «die Wirklichkeit, in der wir leben». Dann erhalten die Worte «in dem Christus wird Leben der Tod» existenzielle Bedeutung.

Der alte Rosenkreuzerspruch lautete: In Christus sterben

wir. Hier steht Christus am Ende des Lebens und tritt uns beim Sterben entgegen. Das bleibt wahr, doch im Grundstein wird diese Begegnung auf *jeden Augenblick des Lebens* erweitert. Jeden Augenblick sterben wir ein wenig, sind Todeskräfte in uns wirksam; aber seit Golgatha ist dieses Sterben kein reines Sterben der Leibeszellen (im Gehirn täglich ungefähr 10 000!), sondern gleichzeitig eine Begegnung mit der Auferstehungskraft Christi. Sie bedeutet in unserem Leben die Auferstehung des Geistes aus der Gebundenheit an den Leib.

Wie der erste und dritte Teil endet auch dieser mit den Worten:

> Das hören die Geister in Ost, West, Nord, Süd:
> Menschen mögen es hören.

Bei diesen «Geistern» handelt es sich um die sogenannten Elementargeister. Dies geht deutlich aus der Textfassung hervor, die Rudolf Steiner am Abend des 1. Januar 1924 verlas. Diese in den Naturreichen wirkenden geistigen Wesen kennen wir unter den Namen Zwerge, Elfen usw. Sie sind gleichsam die «Bauarbeiter» der zweiten Hierarchie. Sie haben die Veränderung, die sich nach dem Mysterium von Golgatha im ätherischen Bereich der Erde vollzog, direkt miterlebt. Sie wurden vom Lebensgeist des Christus durchdrungen und haben damit neuen Anteil an den Sonnenkräften.

Angstvoll fragen sich die Elementarwesen, ob auch die Menschen diese Veränderung bemerkt haben. (In Tintagel waren König Artus und seine Ritter, indem sie das Spiel des Sonnenlichtes auf den Wellen kontemplierten, in der Lage, die neue Qualität im Lebendigen wahrzunehmen, und sie wussten: Christus, der «Herr der Elemente», der im «Umkreis» wirkte, hatte sich mit der Erde verbunden. Die sterbende Natur hatte neues Leben empfangen.) «Menschen mögen es hören» –

dreimal erklingen dann die Worte, die sich an den modernen, gottverlassenen Menschen wenden, der sich aus eigener Kraft den Weg zum Geist neu erobern muss.

Dieser zentrale mantrische Spruch, der zweite Teil des Grundsteins, in dem der Mensch auf die Aufgabe gewiesen wird, seinen Herzens-Lungen-Schlag wieder in Einklang mit den Weltenrhythmen zu bringen, lässt vor unserem Geistesauge die Gestalt des Christus erstehen, in seinem gnadeschenkenden Wirken aus den Kräften der verschiedenen Elemente. Diese Gestalt kann imaginativ als schreitende Lichtgestalt erlebt werden, die bis zur Hüfte wie durch die Erde «watet» und uns mit liebevollen Augen bis in unser Herz erwärmt.

In der plastischen Gruppe, die Rudolf Steiner für das erste Goetheanum entwarf und teilweise selbst ausführte, tritt uns die schreitende Gestalt als der «Menschheitsrepräsentant» entgegen.

Die zweite Strophe des *dritten* Teils führt uns in den Wirkungsbereich des Geistes:

Denn es walten des Geistes Weltgedanken
Im Weltenwesen Licht-erflehend:
Ihr Seelen-Geister,
    (Archai, Archangeloi, Angeloi)
Lasset aus den Tiefen erbitten,
Was in den Höhen erhöret wird.
Dieses spricht:
In des Geistes Weltgedanken erwachet die Seele.
    (Per spiritum sanctum reviviscimus)
Das hören die Geister in Ost, West, Nord, Süd:
Menschen mögen es hören.

Im Weltenwesen, wie es von der ersten Hierarchie geschaffen ist, sind die Weltengedanken seiner schöpferischen Architekten wie untergetaucht, sie sind in es hineingebannt. Diese «verzauberten» Gedanken wollen in der zweiten Hälfte der Erdenevolution wieder erlöst werden!

Bis zur Mitte der atlantischen Zeit, der Mitte der ganzen Erdenevolution, musste ein Prozess der Verdichtung und «Verzauberung» stattfinden. In ihrer zweiten großen Entwicklungsetappe muss die Erde in die umgekehrte, entwerdende Dynamik eintreten, um zur nächsten kosmischen Entwicklungsstufe aufsteigen zu können.

Die Wesen der dritten Hierarchie, die «Seelen-Geister», haben die Aufgabe, diesen Umwandlungsprozess zu begleiten. Ein Mensch kann vor einer Kathedrale stehen und sie einfach, ohne weitere Fragen, betrachten, er kann sich aber auch angesichts eines solchen Bauwerks innerlich in Bewegung versetzen und dadurch den Baugedanken seines Architekten entdecken, denkend nachvollziehen. So auch harren die Baugedanken des Kosmos auf das Licht, das sie erlöst. Diese Erlösung kann dann eintreten, wenn jene Baugedanken in ihrer reinen, «unverzauberten» Gestalt von den Wesen der dritten Hierarchie «gedacht» werden; diese Wesen erbitten, dass ihnen jene «in den Tiefen» vorhandenen Gedanken von oben geoffenbart werden mögen.

Eine entscheidende Rolle in diesem Prozess spielen die Menschen. Denn die dritte Hierarchie ist die der Seelen-Geister; sie wirkt in den Seelen der Menschen, aber empfängt auch ihre Nahrung aus ihnen.

Die *Angeloi*, die Engel oder wörtlich «Boten», begleiten den Menschen von Inkarnation zu Inkarnation. Sie helfen ihm immer wieder, die Seelenstruktur auszubilden, die er jeweils für seinen nächsten Entwicklungsschritt braucht. Sie sind die Seelengeister des individuellen Menschen.

Die *Archangeloi* oder Erzengel haben die Aufgabe, Menschengruppen zu führen. Die höheren Erzengel sind Volks-

und Sprachgeister, andere offenbaren sich da, wo Menschen zusammenarbeiten, als Gruppengeister. In früheren Zeiten handelte es sich um Zusammenschlüsse von Menschen durch Stammes- oder Familienbande, mit denen sich dann solch ein Erzengelwesen verband. Im Zeitalter der Bewusstseinsseele handelt es sich um Gemeinschaften, die sich mit dem Ziel, zusammenzuarbeiten in Schulen, Instituten, Betrieben usw. gebildet haben. Der Charakter des Erzengels einer solchen Gruppe hängt mit dem Grad und der Art der Spiritualität dieser Gruppe zusammen. Es gibt auch luziferische und ahrimanische Erzengelwesen. Hat eine Gruppe ein spirituelles Ziel, so ist es möglich, dass ein von Christuskräften impulsierter Erzengel sich für diese Gruppe interessiert und ihr hilft, ihr Ziel zu erreichen. Jede moderne Gruppe sollte sich die Frage stellen, ob sie in einer Weise arbeitet, für die sich die geistige Welt so interessiert, dass sich ein gutes Erzengelwesen mit ihr verbinden will.

Die *Archai*, wörtlich: die Urkräfte oder Urwesen, sind die Geister der Persönlichkeit. Sie fördern das Erwachen und die Entwicklung des Ich in der Menschheit. Entwicklung spielt sich in der Zeit, in den Rhythmen ab. So wirken die Archai auch als Zeitgeister, die, sich ablösend, in wechselnden Zeitgeist-Perioden den Entwicklungsweg der Menschheit als ganzer begleiten.

Die dritte Hierarchie steigt also vom einzelnen Menschen über Menschengruppen zur Gesamtmenschheit auf; immer handelt es sich dabei aber um hierarchische Wesen, deren Tätigkeit eine Beziehung zum Erwachen des Geistes in der menschlichen Seele hat. Doch sie sind keine schaffende Hierarchie; sie können dieses Erwachen nicht selbst zustande bringen. Sie erbitten die Geistesinhalte, die Geistesziele, von den höheren Hierarchien; diese «erhören» ihre Bitten und schenken das Erbetene, sodass die dritte Hierarchie es in den dafür empfänglichen Menschenseelen aufleuchten lassen kann, die darum fragen.

Im dritten Teil des Grundsteinspruches wird darauf hingewiesen, dass der Mensch Fragen stellen muss nach dem Geist in der Welt der Erscheinungen, nach den Weltengedanken, die in der uns umgebenden Welt verzaubert liegen. Diese Fragen werden von der dritten Hierarchie weitergetragen zur zweiten Hierarchie, welche die Fragen mit dem Lichte ihrer wirkenden Weisheit durchsetzt und dann der dritten Hierarchie zurückschenkt. Was er so durch die dritte Hierarchie wiederempfängt, erlebt der Mensch als den «heiligen Geist». Im Gralstempel erschien dieser heilige Geist im Bilde der Taube, die jeden Freitag aus dem Himmel herabkam und ihre heilende Gabe in Form der Hostie auf den Gralstein legte. Nur für die Gralsgemeinschaft war dieses Geschenk sichtbar. Ihre Mitglieder hatten einen langen Weg der Vorbereitung dafür zurückgelegt.

In der Sinneswelt wird der Mensch von Tausenden zusammenhangloser Details innerlich zerrissen – er wird dadurch krank. Er wird wieder «heil» im Durchschauen des geistigen Zusammenhanges von Mensch und Kosmos. Dies ist die Gnade des heilenden, heiligen Geistes, der göttlichen Weisheit der «Sophia», wie das Altertum ihn nannte.

Der vierte Teil des Grundsteinspruches

In der Zeiten-Wende
Trat das Welten-Geistes-Licht
In den irdischen Wesensstrom;
Nacht-Dunkel
Hatte ausgewaltet;
Taghelles Licht
Erstrahlte in Menschenseelen;
Licht,
Das erwärmet
Die armen Hirtenherzen;
Licht,
Das erleuchtet
Die weisen Königshäupter.

Göttliches Licht,
Christus-Sonne,
Erwärme
Unsere Herzen,
Erleuchte
Unsere Häupter,

Dass gut werde,
Was wir
Aus Herzen gründen,
Was wir
Aus Häuptern
Zielvoll führen wollen.

An die ersten drei Teile, welche die Trinität im Kosmos und im Menschen zum Ausdruck bringen, schließt sich der vierte Teil an. Er stellt die Christus-Tat in die historische Perspektive der Menschheitsentwicklung hinein.

Die ersten drei Teile rufen auf zu einer imaginativen Bildgestaltung. Um den völlig andersartigen Charakter dieses vierten Teiles zum Erlebnis zu bringen, wollen wir die ersten drei Teile noch einmal kurz zusammenfassen.

Das Schöpfungswort der schaffenden Vaterwirksamkeit erklingt von oben herab und verdichtet sich zur Materie der geschaffenen Welt. Der Mensch lebt in dieser erschaffenen Welt. Überall um ihn herum spricht die Vaterwelt zu ihm im «Echo» von Stein, Pflanze und Tier, von Felsen, Flüssen und Wolken, aus aller Größe der Naturerscheinungen. Die Bewegungsrichtung der Vaterwelt ist eine vertikale: von oben nach unten in der Schöpfung, von unten nach oben im Echo. Es wird uns die Vaterwelt durch dieses Echo offenbart.

Die gestaltenden Weltgedanken des Geistes sind in die Finsternis der Schöpfung hineinverzaubert. Sie wollen durch den Menschen aus dieser Verzauberung erlöst werden. Der Mensch vollbringt diese Erlösung in seinem denkenden Bewusstsein. In seinem Denken kann sich der Weltengeist wieder freistrahlend offenbaren. Auch hier ist die Wirkungsrichtung eine vertikale. Aus den Tiefen der Schöpfung fleht der Mensch um Antwort auf das Suchen seines Denkens. Die Seelengeister der dritten Hierarchie sind zusammen mit den Menschen in die geschaffene Welt hinuntergestiegen. Sie greifen das fragende, suchende Denken der Menschen auf und tragen es hinauf zur zweiten und ersten Hierarchie. Was die dritte Hierarchie als Vermittler der zweiten Hierarchie, um Licht für die Menschheit flehend, übergibt, das findet aus den Höhen eine Antwort und erklingt als Offenbarung im Denken des Menschen.

Der Geist offenbart sich aus den Höhen, doch nur dann, wenn der Mensch aus den Tiefen Fragen gestellt hat. Die vertikale Richtung ist hier also der vertikalen der Vaterwelt genau entgegengesetzt.

Wenden wir uns dem mittleren Teil zu, so sehen wir, dass sich die vertikale Richtung in eine horizontale verwandelt. Gleich zu Beginn des kosmischen Teils der Mittelstrophe klingt die Horizontale an:

> … denn es waltet der Christus-Wille im Umkreis
> in den Weltenrhythmen Seelen-begnadend …

Die Weltenrhythmen – Tag und Nacht, Frühling, Sommer, Herbst und Winter, Vollmond und Neumond, Ebbe und Flut, Regen und Wind – begleiten den Menschen auf seinem Lebensweg und stellen ihn in den Zeitenstrom hinein, in welchem er den Weg seiner Entwicklung geht. Die Zeit lässt sich nur durch die Rhythmen erfassen, wir leben mit Stunden, Tagen und Jahren. In der Zeit erleben wir Freude und Leid, die uns wieder weiter, zu neuen Erlebnissen, führen.

In dieser Welt der Zeit, des Rhythmus, der Entwicklung, waltet Christus als der «Herr des Karma». So wie Sonne und Sterne für unser Erleben von Osten nach Westen ziehen, Wetter und Wind in ihrem Gefolge, können wir auch Tag für Tag unser Karma erneuern.

Die zweite Hierarchie ist in dieser horizontalen Richtung wirksam. Aus dem Osten wirkt «befeuernd» der Weisheitsstrom der Kyriotetes, der Geister der Weisheit. Vom Westen her wirkt, gestaltend, die Macht der Exusiai, der Geister der Form. Sie begegnen sich in der Mitte, im Entwicklungsstrom der Dynamis, der Geister der Bewegung – im Rhythmen-Strom der Entwicklung.

Stellen wir uns dies alles als ein großes Gesamtbild vor

Augen, so erscheint vor unserem geistigen Blick das Welten-Menschen-Kreuz, über das schon Plato gesprochen hat.

In der großen Imagination des Menschen inmitten des Welten-Menschen-Kreuzes treffen sich alle Richtungsströme im Herzen des Menschen, dem «Schrein des Karma», wie Rudolf Steiner es einmal nannte, dem dodekaedrischen Liebesgebilde – dem Grundstein in unserem Herzen.

Bei der Besprechung der sogenannten «Rhythmen» des Grundsteins wird der Zusammenhang zwischen diesem Welten-Menschen-Kreuz und dem vierten, zentralen Rhythmus deutlich werden.

Die ersten drei Teile des Grundsteines stellen den Menschen in die Welt der *Dauer*, des *Seins* und des *Raumes* hinein. Der vierte Teil stellt den Menschen in die Welt der *Entwicklung*, der *Zeit* und des *Karma* hinein. Im Mittelpunkt steht hier Christus als der Herr des Karma, als Herr der Entwicklung durch viele Erdenleben hindurch.

Führten die ersten drei Teile zur Bildgestaltung imaginativer Art, so führt der vierte Teil in ein inspiratives, musikalisches Erleben hinein. Die vierte Strophe möchte gleichsam musikalisch ausgedrückt werden, was ein jeder nach seiner Art empfinden kann. Die Worte:

In der Zeiten Wende
Trat das Welten-Geistes-Licht
In den irdischen Wesensstrom

klingen wie die jauchzende Bestätigung, dass das große Ereignis geschehen ist. Und so wie Bachs Matthäuspassion mit einem ergreifenden Chor anhebt, in welchem sofort eine Charakterisierung der ganzen Golgatha-Situation des Karfreitag im Raum steht, so könnte hier ein ähnlich ergreifender Chor jauchzen über die Auferstehung aus dem Tode des Angena-

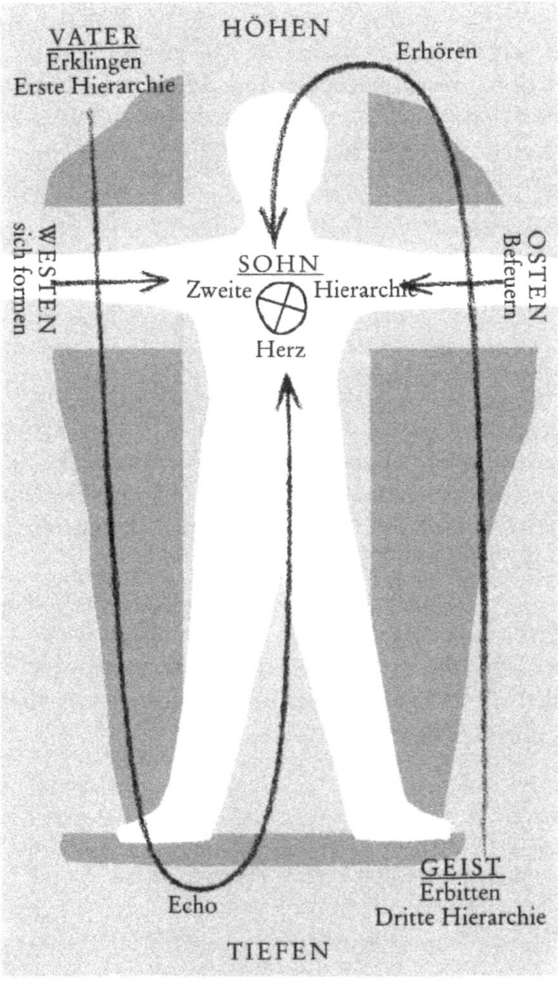
VATER
Erklingen
Erste Hierarchie
HÖHEN
Erhören
WESTEN
sich formen
SOHN
Zweite Hierarchie
Herz
OSTEN
Befeuern
GEIST
Erbitten
Dritte Hierarchie
Echo
TIEFEN

geltseins an das Menschen-Kreuz. Eine neue Entwicklungskraft hat sich mit der Welt verbunden: die Liebe. Die Macht des Nacht-Dunkel ist gebrochen, taghelles Licht erstrahlt nun in Menschenseelen. Und dieses Licht ist in den Menschenseelen wirksam, die sich mit Christus verbinden wollen:

> … das erwärmet die armen Hirtenherzen …
> das erleuchtet die weisen Königshäupter …

«Ja, es ist geschehen! Und die Menschen haben es bereits in ihre Herzen und Häupter aufgenommen in warmem Glauben und einer Erkenntnis, die Zukunftshoffnung weckt.» So klingt es uns aus der historischen Vergangenheit jauchzend entgegen.

Dann aber wandelt sich der Charakter der *inspirativen* Offenbarung. Jetzt wird der heutige Mensch, werden wir selbst in Herz und Haupt angesprochen, um schließlich unseren Willen zu einem *intuitiv* zu fassenden Entschluss aufzurufen. Das «göttliche Licht» und die «Christus-Sonne» haben sich mit der Erde verbunden. Die Christus-Sonne waltet seit der «Höllenfahrt» Christi am Karsamstag im Zentrum der Erde, und es kann die Finsternis, die auch in uns, d.h. im unbewussten Lebensbereich der Instinkte, Triebe und Begierden, vorhanden ist, durchwärmen und durchstrahlen. Wir werden auf diese Zusammenhänge im nächsten Kapitel weiter eingehen. *Dass gut werde*, was wir aus warmem Herzen tun und erkenntnisvoll führen wollen – das ist der Inhalt der Botschaft, die die himmlischen Heerscharen in der Christnacht den Hirten zusangen: «Friede den Menschen, die eines guten Willens sind.» Was damals noch Zukunftsverheißung war – heute ist es Wirklichkeit geworden. Wir können heute in uns den guten Willen erwecken und aus ihm heraus handeln.

So führt uns hier der Grundstein vom imaginativen Erleben in den ersten drei Teilen zur Inspiration und Intuition. Wieder entsteht das Bild des Grundsteins: Der Grundstein ist ein merkwürdiger Stein; er ist einerseits ein «Stein», der als dodekaedrisches Liebesgebilde in unsere Herzen versenkt ist; gleichzeitig ist er jedoch ein *Weg*, den wir unter der Führung des «Herrn des Karma» beschreiten können.

«Dass gut werde»

Am Ende des Grundsteins steht ein Appell an «das Gute». Das Gute kann nur im Gegensatz zum Bösen existieren.

Nun unterscheidet Rudolf Steiner zwei Aspekte des Bösen: auf der einen Seite das moralisch Böse oder *individuell-subjektiv* Böse, andererseits das *objektiv* Böse.

Was das moralisch Böse ist, weiß jeder. Es ist dasjenige, was im Widerspruch zu den Normen der Gesellschaft steht, in der man lebt, oder zur Religion, die man gewählt hat bzw. in der man aufgewachsen ist; doch auch das, was im Widerspruch steht zu dem, was als «Gewissen» in jedem Menschen anwesend ist. Erich Neumann, der Philosoph und Psychologe, spricht in diesem Zusammenhang von der «alten» und der «neuen Ethik». Die alte Ethik ist die des Vaters, der Welt der zehn Gebote und des «du sollst» und «du sollst nicht». Sie ist die Ethik des von außen her wirksamen Moralischen, wie wir sie z.B. noch im Alten Testament antreffen. Sie war bis ins 5. Jh. v. Chr. identisch mit dem, was in den unbewussten Seelentiefen als Stimme des Gewissens sprach. Die alte Ethik fordert die Bekämpfung des Bösen. Sie verehrt den Helden, der den Drachen bekämpft. In ihr treffen wir auch die «Sündenbockpsychologie» an, derzufolge das Böse immer außerhalb von uns ist.

Die neue Ethik ist die des Sohnes. Sie ist die Ethik der Eigenverantwortlichkeit, die Ethik der Individuation und des erwachsenen Menschen. In der neuen Ethik spricht die innere Stimme, die häufig im Gegensatz zur herrschenden, äußeren Ethik steht. Sie bringt die «Ketzer der inneren Stimme» hervor. Die echte Individuation überwindet die von außen diktierte Dualität von Gut und Böse, von bewusst und unbewusst, vom eigenen Recht und dem anderen, der unrecht hat.

Die neue Ethik anerkennt auch den persönlichen Doppelgänger des Menschen, den «Schatten», wie Neumann ihn nennt, und akzeptiert die Tatsache, dass all das Böse außerhalb von uns genauso *in* uns vorhanden ist. Niemand ist absolut gut oder absolut schlecht. Statt das Böse als von außen an uns herankommend zu bekämpfen, wird die Existenz des Bösen in der eigenen Seele akzeptiert, und die Erkenntnis entsteht, dass das Böse nur dadurch böse ist, dass es an der falschen Stelle oder zum falschen Zeitpunkt wirksam ist.

Dies alles gilt für das moralisch Böse, das durch Luzifer als Gegenkraft in der menschlichen Seele wirksam wird.

Im objektiv Bösen werden wir mit den Wirkungen Ahrimans und der dahinterstehenden Asuras konfrontiert. Neumann behandelt dieses objektiv Böse, das innerhalb unserer Gesellschaft mit jedem Jahr bedrohlichere Ausmaße annimmt, noch nicht. Dieses objektiv Böse hat unpersönlichen, anonymen Charakter. Es äußert sich z.B. in der Bedrohung durch einen atomaren Krieg, der von niemandem gewollt wird und der dennoch ausbrechen kann. Es ist wirksam in der bedrängenden Vision einer computergesteuerten Gesellschaft, in welcher niemand mehr die Verantwortung für die Geschehnisse trägt und in der alles wissenschaftlich abgesichert ist. Es ist eine Form des Bösen, die genauso real vorhanden ist, wie es die geistigen Hierarchien sind. Dieses objektiv Böse wird häufig mit einer Entrüstung bekämpft, die ihre Wurzeln in der persönlichen Moral hat. Es lässt sich jedoch nur durch die Erkenntnis seiner eigentlichen Wurzeln und durch die Schaffung einer spirituellen Wissenschaft überwinden. Wenn das objektiv Böse eine Art übersinnliche «Naturerscheinung» ist, erhebt sich die Frage nach seiner Einordnung in das Naturganze.

Bereits in dem ersten für die Mitglieder gedruckten Vortragszyklus aus dem Jahr 1906 (*Vor dem Tore der Theosophie*, GA 95) spricht Rudolf Steiner im vorletzten Vortrag über das

Innere der Erde. Er beschreibt dort die neun Schichten des Erdinnern, die zugleich neun Qualitäten des Bösen charakterisieren. Sie sind dort nach dem Plan der göttlichen Weltenlenkung situiert.

Lässt man die Qualitäten des neunfachen Bösen auf sich wirken, so entdeckt man, dass es sich hier um die Gegenkräfte oder «Gegenqualitäten» der neun himmlischen Hierarchien handelt. Wie lässt sich ihre Entstehung, ihre Existenzberechtigung verstehen? Der Sinn ihres Vorhandenseins ist mit dem Ziel der Menschheit selber verknüpft. Die neun bzw. dreimal drei Hierarchien repräsentieren jeweils bestimmte Qualitäten im Kosmos, so z.B. die Kyriotetes oder Geister der Weisheit: sie «haben» nicht Weisheit, sondern sie «sind» Weisheit; Weisheit ist ihre Wesenssubstanz. Überall da, wo in der Erde und im Kosmos Weisheit angetroffen wird, sind die Kyriotetes anwesend. Das gleiche gilt für die Qualitäten der anderen Hierarchien, wie wir bereits ausführten.

Die einzige Qualität, die im Kosmos fehlt, ist die der *Freiheit*. Sie muss durch die *Menschheit* erobert werden, die auf dem Wege ist, einmal, nach langer Entwicklung, zur «zehnten Hierarchie» zu werden, die dann die Qualität der Freiheit im Kosmos repräsentieren wird. Das Endziel dieses Weges ist eine Menschheit, die in Freiheit und aus Erkenntnis an den Entwicklungszielen der Schöpfung, man könnte auch sagen, an «dem Guten», teilhat. Freiheit ist nur dort möglich, wo eine *Wahl*möglichkeit existiert. Wo nur das Gute wirksam ist, herrscht nicht Freiheit, sondern Notwendigkeit. Darum muss ein Teil der Hierarchien, um der Menschheit willen, die kosmische Rolle auf sich nehmen, den Widerpart in Form des Bösen darzustellen. Jedes Mal am Beginn eines neuen Entwicklungszyklus des Kosmos ist es so, dass sich ein Teil der Hierarchien (als Diener der göttlichen Trinität) absondert, um nicht an der Entwicklung der werdenden Menschheit teilzunehmen. Dies gilt für die Throne bei der Saturnphase, die Kyriotetes bei der alten Sonne, die Dynamis beim alten Mond und in gewisser Hinsicht für die Exusiai im Zusammenhang mit der jetzigen Erdenphase.

Dadurch tritt auch unter den Wesen, die in einem bestimmten Stadium der Weltentwicklung ihre Menschheitsstufe durchmachen, eine Teilung in gute und schlechte Archai, Archangeloi und Angeloi ein.

Die Entstehung der Asuras – neben den luziferischen und den ahrimanischen Wesen die dritte große Gruppe von Gegenmächten – hängt mit dem Opfer der Throne auf dem alten Saturn zusammen, die der ahrimanischen Wesen mit der Geburt der alten Sonne und die der luziferischen mit dem Anfang des alten Mondes. Die Erdenentwicklung ist noch im Gange, doch es zeichnet sich bei ihr eine zu starke Verdichtung unter dem Einfluss bestimmter Exusiai oder Geister der Form ab. Dadurch hat die Erde ihre Beschaffenheit, wie wir sie heute kennen, erreicht.

Der Mensch lebt zwischen Himmel und Erde. Der Engel als «Bote» verbindet ihn mit der höheren Welt; die Erdrinde bildet die Schwelle, die ihn von der Welt unter seinen Füßen trennt. Der Mensch steht auf der mineralischen Erde, die das Innere der Erde wie eine Schale umgibt. Doch die guten Exusiai hatten eine *physische* Erde geschaffen, keine *mineralische.* Die abtrünnigen, «dunklen», Engelwesen haben diese physische, aus unstofflichen *Kräften* bestehende Erde gewissermaßen mit mineralischer Substanz ausgestopft, welche sich den Formen der physischen Erde zwar anpasst, sie zugleich aber unbeweglich und undurchsichtig macht. Die heutige Naturwissenschaft erforscht diese mineralische Erde. In den erwähnten Vorträgen beschreibt Rudolf Steiner die Schichten und geistigen Qualitäten, die *unterhalb* dieser Erdrinde liegen.

Die erste Schicht ist die mineralische Erde, der Bereich der

Gegen-Engel. Die zweite Schicht wird in der Sprache der alten Esoterik die «flüssige oder weiche Erde» genannt. Es ist die «Gegen-Ätherwelt» oder das Reich der Gegen-Erzengel. Hier wird alles Leben vernichtet. Einst sind diese Anti-Erzengel gleichzeitig mit dem Lebendigen auf der alten Sonne entstanden. Alle lebenvernichtenden Impulse der Menschen entstammen dieser Sphäre.

Die dritte Schicht wird die «Luft-Erde» genannt. Man könnte hier auch von der Gegen-Sphäre zum Seelisch-Astralischen sprechen, dem Gebiet der Anti-Archai. In ihr werden alle Empfindungsqualitäten zerstört und in ihr Gegenteil verkehrt. Hier wird Lust zu Schmerz und Schmerz zu Lust. Hier entstehen alle Perversionen.

Die vierte Schicht ist die sogenannte «Form-Erde». Es ist die Welt der Gegen-Geister der Form, der Anti-Exusiai. Jegliche Form wird hier aufgelöst und in ihr Gegenteil, ihr Negativbild verwandelt.

In der fünften Schicht, der «Frucht-Erde», herrscht ungebremstes, wildes Wachstum. Die Dynamis sind die Geister der Bewegung, und im Kosmos ist alle Bewegung immer rhythmisch-geordneter Natur. Die Anti-Dynamis nun erzeugen alle ungeordnete, zur Wucherung neigende Bewegung, eine dem Krebs vergleichbare Dynamik.

Die sechste Schicht wird die «Feuer-Erde» genannt. Sie ist die Wirkungssphäre der Anti-Kyriotetes, der Gegen-Weisheit. Sie besteht, nach Rudolf Steiner, ganz aus von jeder Weisheit verlassener, extremer Leidenschaft. Aus ihr erhält der irdische Vulkanismus seine Nahrung.

Als siebte Schicht folgt die Spiegelschicht der Erde, auch «Erdenspiegel» genannt. Alles, was auf der Erde geschieht, tritt dort in negativer, polar entgegengesetzter Form auf. Es ist die Heimat der Anti-Throne, der Gegen-Geister des Willens.

Die achte Schicht wird der «Zersplitterer» genannt. Hier

herrschen die Anti-Cherubim, die Gegen-Geister der Harmonie. In dieser Schicht liegt der Ursprung aller Disharmonie und Auseinandersetzung auf Erden. Alle moralischen Werte, aber auch die Eigenschaften der Dinge werden unter ihrem Einfluss gewissermaßen «zersplittert», d.h. in viele Einzeleinheiten zertrennt, wozu dann noch die Wirkung der vorigen Schicht tritt: Alles erscheint außerdem in seinem exakten Gegenbild. Dante beschrieb diese Zone in der *Göttlichen Komödie* als «Kainsschlucht», den Abgrund des Bruderkampfes (zweiunddreißigster Gesang der «Hölle»).

Der «Erdkern» schließlich, die neunte Schicht, bildet den Ausgangsort der schwarzen Magie. Er ist der Wohnsitz der Anti-Seraphim, der Anti-Liebe. Der gesamte Kosmos ist durch die Seraphim von einem wärmenden Mantel der Liebe umgeben. Der tiefste, innerste Erdenkern ist der Ort des kältesten Egoismus, des geistig Bösen, des absolut Liebelosen.

Was makrokosmisch als Schichten des Erdinnern beschrieben werden kann, findet sich auch in uns selbst, im unbewussten Teil unserer Seele. Ihr bewusster Bereich kann sich der Begegnung mit den höheren Welten und der aus ihnen kommenden Inspiration öffnen. Ihr unbewusster Teil trägt zwar geistige Aufbaukräfte in sich, ist jedoch auch von den neun Qualitäten des Bösen durchsetzt.

Bis zum Anbruch der Neuzeit war diese innere Welt wie durch einen Schleier gnädig vor unserem Bewusstsein verborgen; Entstehung und Vernichtung des Lebens vollzogen sich durch die täglich ablaufenden Rhythmen der physiologischen Auf- und Abbauprozesse. Der Mensch des Bewusstseinsseelenzeitalters steht heute vor der Aufgabe, mit seinem bewussten Ich in die «Hölle» der Stoffwechselkräfte hinabzusteigen, wo dieses Ich, nach Rudolf Steiner, «gestählt» wird in der Bewältigung und Überwindung des in *unserem eigenen Innern* lebenden Bösen.

Doch unser Ich würde von den Dämonen zerrissen werden,

gäbe es keinen Helfer auf diesem Weg. Am Ur-Karfreitag vollzog sich der Kreuzestod Christi. Als das Blut aus den Wunden floß und von der Erde aufgenommen wurde, erfuhren die Äther-Lebenskräfte der Erde eine entscheidende Erneuerung.

Die orthodoxe Kirche des Ostens kennt dieses Mysterium des in die Erde fließenden Blutes. Auf vielen Kreuzigungsikonen ist ein Blutrinnsal dargestellt, das am Kreuz entlang fließt, um in einer Öffnung in der Erde vor dem Kreuz zu verschwinden.

Als Joseph von Arimathia nach der Kreuzabnahme den Leichnam des Christus wusch, öffneten sich die Wunden wieder. Das ausströmende Blut wurde in der Schale des letzten Abendmahles aufgefangen und wurde zum «Gralsblut», dem «rosenfarbenen Blut Christi». Lebt also im Osten die Erinnerung an das Blutmysterium der *Erde*, so lebt im Westen die Tradition des Zusammenhanges des Blutmysteriums mit dem *Menschen*.

Der frühchristlichen Tradition zufolge fuhr Christus am Karsamstag in die Hölle hinab, um dort das Licht der Liebe erstrahlen zu lassen. In der Sprache der vorangegangenen Betrachtungen heißt das: Christus hat alle Schichten des Bösen mit dem «göttlichen Licht» der «Christus-Sonne» durchdrungen. Damit ist das Sonnen-Gold des Christus als Keim in den Erdkern der absoluten Liebelosigkeit gelegt worden.

Der moderne Mensch, der heute den Entwicklungsaugenblick erreicht hat, da auch er diesen Abstieg vollziehen muss, kann den Dämonen mit vollem Bewusstsein entgegentreten, wenn er die Christuskraft in seinem Herzen und das Christuslicht in seinem Denken trägt. Rudolf Steiner wies darauf hin, dass jene Dämonen dann sogar zu Helfern auf unserem Entwicklungsweg werden. Das Böse kann dann wieder in das Gute metamorphosiert werden, die Gegenhierarchien werden von ihrer Widersacherrolle erlöst.

Das zentrale Moment der Bewusstseinsseelenentwicklung ist die Begegnung mit dem Bösen, die schließlich zu seiner

Erlösung durch die Kräfte der durchchristeten Seele des modernen Menschen führen kann. Das Ich muss gestählt werden in dem Herd der Vernichtung, der in den Seelentiefen waltet. Rudolf Steiner beschreibt diesen Prozess ausführlicher in den Vorträgen vom 23. und 24. September 1921 (GA 207).

Dabei tritt gleichzeitig eine Schwierigkeit auf: Wenn der Abstieg in diese Schichten ohne Verbindung mit der Christuskraft erfolgt, so zersprengt das Böse die Fesseln, die es in den unterirdischen bzw. unterbewusst-seelischen Tiefen halten, und bricht sich als Nihilismus, Vernichtungsdrang und Lügenhaftigkeit Bahn innerhalb unserer sozialen Verhältnisse. Das können wir überall um uns herum beobachten, wobei das Spektrum von der Atombombe bis zu den permanenten Kriegsbedrohungen reicht. Aber diese negativen Kräfte sind die Schatten, die die Gnade der Auferstehungskraft wirft, die in uns aus der Kraft unserer moralischen Ideale wirksam werden kann.

Diese Erkenntnis kann uns helfen, die Worte des Grundsteinspruchs besser zu verstehen:

Göttliches Licht,
Christus-Sonne,
Erwärme
Unsere Herzen,
Erleuchte
Unsere Häupter,

Dass gut werde,
Was wir
Aus Herzen gründen,
Was wir
Aus Häuptern
Zielvoll führen wollen.

Über die Rhythmen

Während der Weihnachtstagung sprach Rudolf Steiner jeden Morgen zur Eröffnung den Grundsteinspruch. Dabei hob er jedes Mal bestimmte Zusammenhänge hervor, die er als «Rhythmen» bezeichnete. Sie sollten den Mitgliedern als Meditationsstoff dienen.

Es wurden sieben solcher Rhythmen gegeben, die, von einem Menschheitseingeweihten wie Rudolf Steiner geprägt, sicher keine Zufälligkeit darstellen.

Die Sieben ist die Zahl der Entwicklung. Jeder echte Entwicklungszyklus ist siebengliedrig. In der *Geheimwissenschaft im Umriss* werden – als größte Siebenheit in der Entwicklung der Menschheit – die planetarischen Entwicklungsphasen vom alten Saturn bis zum Vulkan beschrieben; diese Siebenheit wiederholt sich in immer kleineren Zyklen, bis hin zu den sieben Tagen der Woche.

Die ersten drei Stadien eines Entwicklungszyklus offenbaren den Duktus des gesamten Verlaufs in drei ansteigenden (oder auch absteigenden) Stufen. Die vierte Stufe birgt ihrer Essenz nach die zentrale Problematik bzw. den Sinn des ganzen Entwicklungszyklus in sich. Sie trägt aber auch schon in keimhafter Form das wesentlich Neue des Zyklus in sich, was dann im Verlauf der letzten drei Stufen weiter zur Entfaltung kommt.

Das vierte Stadium des großen, vom alten Saturn bis zum Vulkan reichenden Entwicklungszyklus ist das der Erdenentwicklung. In ihr vollzieht sich als zentrales Ereignis das Mysterium von Golgatha, in dem sich Christus ganz mit dem Entwicklungszyklus verbindet und damit das Schicksal seines gesamten weiteren Verlaufs auf sich nimmt.

Die Entstehung einer neuen hierarchischen Gruppe ist das hohe Ziel dieses Prozesses. Dieses Ziel muss über drei verschiedene Aspekte erreicht werden: den imaginativen, den inspirativen und den intuitiven Menschheitsaspekt, oder, anders ausgedrückt: auf dem Wege einer Menschheit, die aus dem Geistselbst, dem Lebensgeist und dem Geistesmenschen lebt. So wird es schließlich zwölf Hierarchien geben: die bisherigen neun Hierarchien und drei aus der Menschheit hervorgehende.

Die Erdenentwicklung ist in sich wiederum zweiteilig. Während ihrer ersten Hälfte dominiert die Dynamik, die in die Verdichtung bis hin zur physischen Welt führt; während der zweiten Phase wird diese physische Welt langsam wieder in die Auflösung übergeführt. In der Sprache des Okkultismus wird die erste Hälfte als «Mars-Entwicklung» bezeichnet, denn es ist die Marsqualität, die alle geistige Entwicklung bis ins Physische hineinführt. Dann tritt das Mysterium von Golgatha ein und mit ihm die Möglichkeit eines Ätherisierungsprozesses der Erde durch die ätherisierenden Wirkungen des Christus-Blutes. Es ist nur die Frage, ob die Menschheit diesen Prozess mitvollziehen kann und will!

Die über ihr Ziel hinausschießende Marsentwicklung hat den Materialismus bewirkt.

Die zweite Hälfte der Erden-Entwicklung ist, okkult ausgedrückt, die der «Merkur-Entwicklung». In ihr müssen die Kräfte des Geistselbst in der Menschheit zur Entwicklung kommen, sodass sie in der Lage ist, den Prozess der Ätherisierung der Erde mitzuvollziehen und dadurch in die Jupiterphase einzutreten.

Die Jupiterphase wird schließlich zur Ausbildung der Kräfte des Lebensgeistes führen, die Venusphase zu der des Geistesmenschen.

Die Vulkan-Entwicklung bildet die Oktave des gesamten Zyklus und fasst alles auf einer höheren Ebene zusammen;

gleichzeitig wird hier die Möglichkeit eines nächsten kosmischen Entwicklungszyklus mit neuen Zielsetzungen geschaffen.

Wenn der Mensch den Sinn jener zweiten Hälfte der Erdenentwicklung in sein persönliches Karma aufnehmen will, muss er sich mit der fortwährenden Wirkung des Christuswesens verbinden. Die großen Eingeweihten der Sonnenloge der Menschheit haben die Aufgabe, während jeder Stufe der kleineren Zyklen jeweils diejenigen Formen auszuprägen, die den Menschen helfen können, sich, den Bedingungen der entsprechenden Entwicklungsphase gemäß, mit diesen Wirkungen zu verbinden.

So erhielt der große Eingeweihte Titurel den Auftrag, den Gralstempel zu «erbauen», damit das Blutsmysterium von Golgatha in der Form des Grals fortbestehen konnte. Dies war die der Verstandes- und Gemütsseele entsprechende Form.

Im 20. Jahrhundert hat Rudolf Steiner den Grundstein geschaffen – er entspricht der Bewusstseinsseelen-Entwicklung. Es lässt sich, wie gesagt, eine Metamorphose vom «Gralstein» zum «Grundstein» erleben. Beide eröffnen einen Zugang zum Geistselbst, doch jeder in ganz verschiedener Weise, den Forderungen der jeweiligen Zeit entsprechend.

Wenn wir nun die sieben Rhythmen, die Rudolf Steiner während der Weihnachtstagung gab, betrachten, so zeigt sich auch hier ein Entwicklungs*weg*, wie er jeder Siebenheit innewohnt.[3]

Die ersten drei Rhythmen beziehen sich in einer steigenden Linie auf den Weg des dreifachen Übens:

- der erste Rhythmus: das Erüben eines Verhältnisses des eigenen Ich zur göttlichen Dreieinigkeit
- der zweite Rhythmus schließt unmittelbar hier an und führt den Prozess in das eigene Leben, Fühlen und Denken hinein

- der dritte Rhythmus überschreitet eine Grenze und bringt das dreifache Üben in einen direkten Zusammenhang mit dem zweiten, kosmischen Aspekt des Grundsteins, mit Vater, Sohn und Heiligem Geist.

Daraufhin bringt der vierte Rhythmus das zentrale Bild des Menschen-Weltenkreuzes, oder Welten-Menschenkreuzes, wie es immer neu entsteht durch die Wirkungen der drei hohen hierarchischen Gruppen. Erst durch das völlige Erleben des Stehens in diesem Welten-Menschenkreuz, in seiner ganzen Mächtigkeit, doch gleichzeitig auch in seiner Gebundenheit an die Welt des Gewordenen, entsteht die Möglichkeit, die Überwindung dieser Gebundenheit durch das Golgatha-Ereignis als Keim für einen Neubeginn zu erfahren. In diesem Neubeginn öffnet sich den Menschen, die den Christus suchen, der Weg zum Geistselbst.

Im Mittelalter stellte sich dieser Weg im Bild des Blutmysteriums dar, in der Suche nach der «Schale mit dem rosenfarbenen Blut Christi» sowie, in geistiger Gestalt, in der Imagination des heiligen Grals.

Die ersten drei Teile des Grundsteins kreisen, wie bereits angedeutet, um die Entwicklung von der Welt des «Seins» zur Welt der «Dauer», der Ewigkeit. Durch das Erleben des Welten-Menschenkreuzes eröffnet sich der Weg zu einer neuen Grenzüberschreitung, die uns jetzt zum letzten Teil des Grundsteins führt, der bereits ganz von jener Geistselbst-Qualität durchzogen ist und wo das *Gute* getan werden kann aus der Verbindung mit der Christus-Sonne, die die Erde potenziell zu einem geistigen Stern macht.

Der dritte Rhythmus hatte grenzüberschreitenden Charakter innerhalb des ersten Teils des Grundsteins. Der fünfte Rhythmus hebt – wie es immer der Fall ist bei Entwicklungen, die sich innerhalb einer Siebenheit vollziehen – die Dynamik der dritten Stufe auf eine höhere Ebene, indem das in der vierten Stufe aufgetretene Neue mit einbezogen wird. So verbindet der fünfte Rhythmus das dreifache Üben mit dem letzten Teil des Grundsteins, der die neue Entwicklungsphase der zweiten Hälfte der Erdenevolution einläutet und in den Worten kulminiert, die vom Tun des *Guten* aus der Kraft des Geistselbst sprechen.

Der sechste und siebte Rhythmus bringen dann die Metamorphose des zweiten bzw. ersten Rhythmus. Wo im zweiten Rhythmus die Welt der Dreiheit mit dem menschlichen Leben, Fühlen und Denken verbunden wird, da bringt der sechste Rhythmus die Verbindung des neuen göttlichen Lichts, der Christus-Sonne, mit der Lebenswelt der Elementargeister in Ost, West, Nord und Süd. Die Elementargeister haben die Erneuerung der Ätherwelt durch den Lebensgeist des Christus direkt erfahren – wir Menschen müssen uns in unserer physischen Verkörperung erst noch hinaufarbeiten zu der neuen Lebenswelt. Dies war ja das zentrale Thema des Alanus ab Insulis in seiner «Klage der Natura» und dem «Anticlaudian».

Alanus erlebte den Schmerz der alten, ersterbenden Natur, doch auch die neue Lebenskraft, die die Entstehung einer neuen Menschheit ermöglicht.

Im Gral erscheint der Weg zu dem Geistselbst, in Chartres – während seiner Blütezeit – der Weg zu dem Lebensgeist, bei den Templern zeigt sich der Weg eines allerersten, die Materie umgestaltenden Keimes des Geistesmenschen. Rudolf Steiner hat diese drei Wege mit der Anthroposophie in einer dem Zeitalter der Bewusstseinsseele gemäßen Weise erneuert.

Den siebten Rhythmus bezeichnet Rudolf Steiner als einen «einfachen Rhythmus», wie ja jede siebte Stufe eines Entwicklungszyklus «einfach» erscheint, weil sie die Frucht des Vorangegangenen wie in ein Samenkorn zusammenzieht. Der allererste Anfang – das Leben in den Gliedern, im Herzens-Lungen-Rhythmus, im ruhenden Haupt – wird zusammengeführt mit den Wirkungen der Dreieinigkeit in der Welt – einer Welt, die nun in Bewegung gekommen ist, d.h. einer Welt, die durch das Mysterium von Golgatha gegangen ist.

Aus der vorangegangenen Darstellung mag deutlich werden, dass die sieben Rhythmen zusammen einen Weg bilden. Wie gehen wir mit diesem Weg um?

Es sind da verschiedene Gesichtspunkte möglich. Eine Möglichkeit ist die, dass man die Rhythmen an den Wochentagen meditiert, die den Tagen entsprechen, an welchen sie ursprünglich von Rudolf Steiner gegeben wurden. Man beginnt dann also mit dem ersten Rhythmus an einem Mittwoch und kommt am Samstag zur Begegnung mit dem Welten-Menschenkreuz. Am Sonntag erlebt man dann die Verbindung mit der neuen Entwicklung: im Eintritt in die Welt, in welcher das Nacht-Dunkel nicht mehr waltet und wo taghelles Licht scheint; Licht, das unsere Herzen erwärmt und unsere Häupter erleuchtet, «auf dass gut werde …»! In diesem Fall ist der Zyklus am Dienstag abgeschlossen.

Es ist auch möglich, den ersten Schritt in Zusammenhang mit der ersten großen Entwicklungsphase, dem «alten Saturn», zu bringen und dementsprechend am Samstag zu beginnen. Dann geht man den Weg durch die Woche entsprechend der Reihe: Saturn, Sonne, Mond, Mars/Merkur (Erde), Jupiter, Venus.

Wie immer man sich entscheidet – wesentlich ist, dass die Rhythmen als *Entwicklungszyklus* erlebt werden, der eine innere Gesetzmäßigkeit in sich trägt, wobei der fünfte, sechste und siebte Rhythmus jeweils als Keim des Geistselbst, des Lebensgeistes und des Geistesmenschen erfahren werden können.

Dann werden die Rhythmen im Lauf der Jahre zu einer geistigen Struktur in uns; einer geistigen Struktur, die den

Menschen in das Welten-Menschenkreuz hineinstellt, wo von unten her, aus der Schöpfung, im Echo die Kräfte der Vater-Gott-Welt wirken; wo von oben her, in der Geistoffenbarung, die Antwort erklingt auf die Fragen, die geistig erwachende Menschen stellen; wo von links nach rechts und von rechts nach links die Sohneswelt wirkt in der Begegnung von Weisheit und Formkraft. Das alles strömt zusammen im Menschenherzen, wo die Dynamis, die Geister des Rhythmus, im labilen Gleichgewicht den Zeitenstrom des Karma erbilden, in welchem der Christus seelen-begnadend walten kann.

Dies ist es, was uns der vierte Rhythmus vermittelt, wenn der pentagondodekaedrische Liebesstein in unserem Herzen zu leben anfängt.

Zum Beschluss

Wer den Weg durch den Grundstein gegangen ist und zurückblickt, der gewahrt, dass dabei eine Schwelle überschritten ist, die in ein Gebiet hineinführt, wo alle Werte in einem anderen Licht erscheinen. Dies meinte Rudolf Steiner, wenn er nach der Weihnachtstagung immer wieder aussprach, dass nach diesem Ereignis alles anders werden müsse innerhalb der Anthroposophischen Gesellschaft. Es müsse ein «esoterischer Zug» durch alles hindurchgehen, was die Anthroposophie ausstrahlt.

Das bedeutet beispielsweise, dass wir die Waldorfpädagogik nicht als eine äußere Methode oder Curriculumgestaltung propagieren sollten, sondern dass eine Mysterien-Pädagogik geschaffen werden soll. Gleiches gilt für die Mysterien-Heilpädagogik, die Mysterien-Heilkunst, die Mysterien-Landwirtschaft und schließlich die Mysterien-Sozialwissenschaft.

Die Frage, die dazu führte, war im Sommer vor der Weihnachtstagung von Ita Wegman gestellt worden. Sie war es, die während einer Vortragsreihe in England Rudolf Steiner fragte: «Warum müssen die Vorträge und Kurse für Ärzte und Mediziner immer einen so intellektuellen Charakter haben? Warum ist es nicht möglich, dass wieder eine neue Mysterien-Heilkunst entsteht? Ist es nicht an der Zeit, dass neue Mysterien begründet werden?»

«Das war die Parzivalfrage, auf die ich all jene Jahre gewartet hatte, und dadurch, dass diese Frage gestellt wurde, konnte die Weihnachtstagung stattfinden», äußerte Rudolf Steiner drei Wochen vor seinem Tod gegenüber seinem Freund, dem Österreicher Ludwig Graf Polzer-Hoditz. Denn es ist sogar den höchsten Eingeweihten untersagt, aus dem Geist heraus

Institutionen auf Erden zu begründen, ohne dass zuvor eine Frage danach gestellt worden ist.

Worin liegt der Unterschied zwischen einer neuen, alternativen Heilkunde, die also mit anderen Mitteln und Methoden arbeitet, und einer Mysterien-Heilkunde? Eine alternative Heilmethode ist intellektuell erlern- und anwendbar. Eine Mysterien-Heilkunde wird von Menschen getragen, die auf ihrem Entwicklungsweg eine Schwelle überschreiten und von jenseits dieser Schwelle auf ihre Urteile und Handlungen hinblicken.

Der Grundstein wurde als «Liebesgebilde» zu Anfang der Weihnachtstagung 1923 in die Herzen der Menschen versenkt, damit in diese Herzen das göttliche Licht und die Christus-Sonne scheinen mögen. Wer den Weg durch den Grundstein Wort für Wort und Satz für Satz geht, der kann zu der Entdeckung gelangen, dass der Grundstein ein *Schwellenstein* ist: Er führt uns aus unserem gewöhnlichen Kulturbewusstsein in eine innere Welt, in der uns ein anderes Licht und eine andere Wärme entgegenstrahlen. Und wir fühlen uns wie Moses vor dem brennenden Dornbusch, aus dem der Herr das «Ich bin der Ich bin» spricht: «Entledige dich deiner Schuhe, denn der Ort, auf dem du stehst, ist heiliger Boden.» So klingt auch die Stimme, die heute aus dem göttlichen Licht, aus der Christus-Sonne spricht!

Wenn unsere Häupter erleuchtet und unsere Herzen erwärmt werden durch dieses Licht, durch diese Sonne – dann kann «gut werden», was wir als Mysterien-Handeln vollbringen wollen.

Können wir das schon? Wäre es nicht vernünftiger, auf dem festen Boden diesseits der Schwelle zu bleiben und nur dasjenige anzuerkennen, was nützlich und praktisch anwendbar ist? Hat nicht dasjenige, was sich an den Weg durch den Grundstein anschließt, den Charakter subjektiver Interpretationen unsicherer Eindrücke?

Die Stimmen, die uns das einflüstern, sind uns nur allzu gut bekannt. Doch wenn wir uns dann wieder vergegenwärtigen, durch welche Höhen und Tiefen der Grundstein uns geführt hat, so wissen wir, dass uns das «taghelle Licht» Michaels beisteht, sodass die undeutlichen Eindrücke immer klarer werden und dass neue Wärme unseren Mut durchstrahlen kann, den wir brauchen, um wie ein Fels in der Brandung zu stehen während des großen Geisteskampfes um das «gute Handeln». Dort, wo Nachgeben und Kompromissbereitschaft nur bewusste oder unbewusste Geringschätzung seitens unserer materialistisch orientierten Gegner provoziert, da wird ein aus geistiger Überzeugung vertretener Standpunkt einen gewissen (bewussten oder unbewussten) Respekt hervorrufen, sogar da, wo dieser Standpunkt vielleicht noch durch Worte und Taten bekämpft wird. Da werden Dinge möglich, die juristisch und organisatorisch eigentlich «nicht gehen».

Der Grundstein hat sich im Laufe unseres Entwicklungsweges zum Schwellenstein verwandelt – und dadurch ist alles anders geworden. Der Weg ist frei auf die neuen Mysterien zu, die Freie Hochschule für Geisteswissenschaft.

Die Aufgabe der Anthroposophischen Gesellschaft ist die Förderung dieser Freien Hochschule für Geisteswissenschaft, die Aufgabe dieser Hochschule selber ist das Betreiben von «Forschung auf geistigem Gebiet».

Auf der materiellen Ebene betreibt eine Hochschule «research» mit den Mitteln des analytischen Denkens. Auf geistigem Gebiet handelt es sich bei einer Mysterienschule um ein «Forschen», d.h. einen durch langes Üben zu vollziehenden Prozess, der zur Erkenntnis der hierarchischen Welt der Dauer und der christlichen Welt der Entwicklung führt. Aus dieser Erkenntnis, aus dieser «Erleuchtung unserer Häupter» und «Erwärmung unserer Herzen» wird uns die Sicherheit erwachsen, das *Gute zu tun* in der jeweiligen konkreten Situation.

Der Grundstein

Menschenseele!
Du lebest in den Gliedern,
Die dich durch die Raumeswelt
In das Geistesmeereswesen tragen:
Übe *Geist-Erinnern*
In Seelentiefen,
Wo in waltendem
Weltenschöpfer-Sein
Das eigne Ich
Im Gottes-Ich
Erweset;
Und du wirst wahrhaft *leben*
Im Menschen-Welten-Wesen.

Denn es waltet der Vater-Geist der Höhen
In den Weltentiefen Sein-erzeugend:
Ihr Kräfte-Geister,
[Seraphim, Cherubim, Throne]
Lasset aus den Höhen erklingen,
Was in den Tiefen das Echo findet.
Dieses spricht:
Aus dem Göttlichen weset die Menschheit.
    [Ex deo nascimur]
Das hören die Geister in Ost, West, Nord, Süd:
Menschen mögen es hören.

Der Text folgt der gedruckten Fassung vom 13. Januar 1924. In eckigen Klammern sind Varianten angegeben, die Rudolf Steiner am 1. Januar 1924 gesprochen hat.

Menschenseele!
Du lebest in dem Herzens-Lungen-Schlage,
Der dich durch den Zeitenrhythmus
Ins eigne Seelenwesensfühlen leitet:
Übe *Geist-Besinnen*
Im Seelengleichgewichte,
Wo die wogenden
Welten-Werde-Taten
Das eigne Ich
Dem Welten-Ich
Vereinen;
Und du wirst wahrhaft *fühlen*
Im Menschen-Seelen-Wirken.

Denn es waltet der Christus-Wille im Umkreis
In den Weltenrhythmen Seelen-begnadend:
Lichtes-Geister,
    [Kyriotetes, Dynamis, Exusiai]
Lasset vom Osten befeuern,
Was durch den Westen sich formet.
Dieses spricht:
In dem Christus wird Leben der Tod.
    [In Christo morimur]
Das hören die Geister in Ost, West, Nord, Süd:
Menschen mögen es hören.

Menschenseele!
Du lebest im ruhenden Haupte,
Das dir aus Ewigkeitsgründen
Die Weltgedanken erschließet:
Übe *Geist-Erschauen*
In Gedanken-Ruhe,
Wo die ewigen Götterziele
Welten-Wesens-Licht
Dem eignen Ich
Zu freiem Wollen
Schenken:
Und du wirst wahrhaft *denken*
In Menschen-Geistes-Gründen.

Denn es walten des Geistes Weltgedanken
Im Weltenwesen Licht-erflehend:
Ihr Seelen-Geister,
    [Archai, Archangeloi, Angeloi]
Lasset aus den Tiefen erbitten,
Was in den Höhen erhöret wird.
Dieses spricht:
In des Geistes Weltgedanken erwachet die Seele.
    [Per spiritum sanctum reviviscimus]
Das hören die Geister in Ost, West, Nord, Süd:
Menschen mögen es hören.

In der *Zeiten-Wende*
Trat das Welten-Geistes-Licht
In den irdischen Wesensstrom:
Nacht-Dunkel
Hatte ausgewaltet;
Taghelles Licht
Erstrahlte in Menschenseelen;
Licht,
Das erwärmet
Die armen Hirtenherzen;
Licht,
Das erleuchtet
Die weisen Königshäupter.

Göttliches Licht,
Christus-Sonne
Erwärme
Unsere Herzen,
Erleuchte
Unsere Häupter,

Dass gut werde,
Was wir
Aus Herzen gründen,
Was wir
Aus Häuptern
Zielvoll führen wollen.

Literaturverzeichnis

Alanus ab Insulis: *Der Anticlaudian oder die Bücher von der himmlischen Erschaffung des neuen Menschen. Aus der Schule von Chartres.* Band 2. Stuttgart [2]1983.

Johann Valentin Andreae: *Die chymische Hochzeit des Christian Rosenkreuz.* Basel [3]1978.

Chrétien de Troyes: *Perceval.*

J. O. de La Mettrie: *Der Mensch eine Maschine.*

Hans Peter van Manen: *Christussucher und Michaeldiener.* Dornach 1980.

Erich Neumann: *Tiefenpsychologie und neue Ethik.*

Walter Johannes Stein: *Weltgeschichte im Lichte des heiligen Gral* Stuttgart 1977.

Rudolf Steiner: GA 13, *Die Geheimwissenschaft im Umriss.* Dornach [26]1977.

- GA 93, *Die Tempellegende und die goldene Legende.* Dornach [2]1982.
- GA 95, *Vor dem Tore der Theosophie.* Dornach [3]1978.
- GA 99, *Die Theosophie des Rosenkreuzers.* Dornach [6]1979.
- GA 130, *Das esoterische Christentum und die geistige Führung der Menschheit.* Dornach [2]1977.
- GA 142, *Die Bhagavad Gita und die Paulusbriefe.* Dornach [4]1982.
- GA 146, *Die okkulten Grundlagen der Bhagavad Gita.* Dornach [3]1962.
- GA 171, *Innere Entwicklungsimpulse der Menschheit.* Dornach [2]1984.
- GA 184, *Die Polarität von Dauer und Entwickelung im Menschenleben.* Dornach [2]1983.
- GA 207, *Anthroposophie als Kosmosophie.* Erster Teil. Dornach [2]1981.
- GA 229, *Das Miterleben des Jahreslaufes in vier kosmischen Imaginationen.* Dornach [5]1980.
- GA 231, *Der übersinnliche Mensch, anthroposophisch erfasst.* Dornach [3]1982.

- GA 235-240, *Esoterische Betrachtungen karmischer Zusammenhänge*, Band 1-6.
- GA 245, *Anweisungen für eine esoterische Schulung*. Dornach [5]1979 (Stand 2023: heute als Sonderausgabe, [6]2018, erhältlich).
- GA 260, *Die Weihnachtstagung zur Begründung der Allgemeinen Anthroposophischen Gesellschaft*. Dornach [4]1985.
- GA 265, *Zur Geschichte und aus den Inhalten der erkenntniskultischen Abteilung der esoterischen Schule*. Dornach 1987.

Wolfram von Eschenbach: *Parzival*.

F. W. Zeylmans van Emmichoven: *Der Grundstein*. Neuausgabe Stuttgart 2023, derselbe: *Die Wirklichkeit, in der wir leben*. Arlesheim [2]1977.

Anmerkungen

1 Werke Rudolf Steiners werden mit der Nummer der Gesamtausgabe (GA) zitiert. Ein Titelverzeichnis aller zitierten Werke findet sich auf S. 107 f.

2 Aus der Schilderung einer Himmelskonstellation während der großen Schlacht kann abgeleitet werden, dass der Kampf im Jahre 3154 vor Christus stattgefunden haben muss. Demnach starb der Wagenlenker Arjunas, die Inkorporation Krishnas, im Jahre 3102 v. Chr.

3 Hinsichtlich des Wortlautes der Rhythmen verweisen wir die Leserinnen und Leser auf den als Einzelausgabe erschienenen Band *Die Grundsteinlegung der Allgemeinen Anthroposophischen Gesellschaft.*

Bernard C. J. Lievegoed

Über die Rettung der Seele

Ein Vermächtnis

ISBN 978-3-7725-3310-5
126 Seiten, kartoniert

Über die Rettung der Seele behandelt dringende Fragen, die die inneren und spirituellen Hintergründe der Anthroposophie und die Aufgabe der anthroposophischen Bewegung in der Welt betreffen. Seine Kernbotschaft ist: Betrachte deine eigenen Nöte und Freuden nicht als ausschließlich persönlicher Natur, sondern versuche sie als Ausdruck von etwas Allgemein-Menschlichem zu sehen.

Verlag Freies Geistesleben

F. W. Zeylmans van Emmichoven

Der Grundstein

ISBN 978-3-7725-3309-9
111 Seiten, kartoniert

Die sogenannte «Grundsteinmeditation» ist einer der wichtigsten Meditationstexte Rudolf Steiners, weil sie in mantrischer Verdichtung wesentliche Grundgedanken der Anthroposophie enthält. Zur Deutung und Bedeutung dieser Meditation hat sein Schüler F. W. Zeylmans van Emmichoven eine wegweisende Einführung verfasst, die selbst zu einem Klassiker der anthroposophischen Literatur geworden ist.

Verlag Freies Geistesleben